El
Secreto
de un Regalo
Excepcional

Roger Patrón Luján

El Secreto de un Regalo Excepcional

Roger Patrón Luján

Grijalbo

El Secreto de un Regalo Excepcional

Primera edición: marzo, 2008

D. R. © 2008, Roger Patrón Luján
www.rogerpatron.com
roger@rogerpatron.com

Derechos exclusivos de edición en español reservados
para todo el mundo:

D. R. © 2008, Random House Mondadori, S. A. de C.V.
Av. Homero No. 544, Col. Chapultepec Morales,
Del. Miguel Hidalgo, C. P. 11570, México, D. F.

www.randomhousemondadori.com.mx

Comentarios sobre la edición y contenido de este libro a:
literaria@randomhousemondadori.com.mx

ISBN 978-970-810-283-4

Impreso en México / *Printed in Mexico*

CONTENIDO

AGRADECIMIENTOS

Angie, Alfredo, Antonio, Armando, Arturo,
Augusto, Aurora, Berta, Carlos, Claudia,
Cata, Claudia, David, Domenico, Eduardo,
Elmer, Elsa, Eugenia, Enrique, Ernesto,
Federico, Gabriel, Gaby, Georgina, Germán,
Guillermo, Gonzalo, Irene, Ivette, Jaime,
Joaquín, Jorge, Johnny, José Alberto, Lourdes,
Luz de Lourdes, Manuel, María, María
Elena, Marimer, Mario, Maricruz, Marisa,
Mauricio, Merce, Mercedes, Miguel, Miriam,
Mitzie, Mónica, Montserrat, Octavio, Ofelia,
Óscar, Paola, Patricia, Pedro, Peter, Rafael,
Raúl, Roberto, Rodolfo, Roger II, RogerIII,
Rosa Isela, Salvador, Santos, Sergio, Stefano,
Sylvia, Víctor.

¡GRACIAS!

PREFACIO

Después de más de quince años de que
Regalo Excepcional, el primer libro, se
convirtió en *best-seller*, te ofrezco esta nueva
y enriquecedora colección de pensamientos,
frases y reflexiones de autores anónimos o
grandes pensadores de todos los tiempos.

En este libro de la colección de *Regalo
Excepcional*
quiero subrayar mi agradecimiento a todos
ustedes por tantos mensajes que me han
impulsado a crear no sólo los libros de esta
colección sino también otros de temas como
la amistad o la comunicación con Dios, el
vino o la música clásica, las maravillas de
México o las maravillas del mundo.

Varios son los temas tratados en mis libros,
todos acogidos por ustedes con el mismo
entusiasmo. Asimismo, las traducciones al
inglés y al portugués de algunos de ellos
permitieron traspasar fronteras y enriquecer
aún más esta colección.

Otras traducciones no estuvieron a la venta.
Se hicieron pensando en la alfabetización
de las comunidades indígenas, para que
sirvieran como material de apoyo a los
maestros de algunas regiones del país. Estas
versiones bilingües fueron en español-maya,
español-náhuatl y español-totonaco.

Me han preguntado cuál es el secreto
para lograr vender más de un millón de
ejemplares y tener lectores en todo el mundo.

La respuesta es que al crear cada uno de mis libros —ya sea los de la colección de *Regalo Excepcional* o las ediciones de temas especiales— he procurado que al leerlo recibas una imagen agradable para tu vida, un pensamiento que te aporte esperanza, aliento, que te permita reflexionar sobre el tema tratado de una forma positiva; en síntesis, proporcionarte alegría para cada día de tu vida.

Otro punto aún más importante para este éxito han sido ustedes, lectores de todo el mundo que con sus mensajes, cartas y correos electrónicos ponen de manifiesto el beneficio que cada uno de estos libros les ha aportado a su vida.

ROGER PATRÓN LUJÁN

PRÓLOGO

Desde hace muchos años, veo como Roger ha seleccionado cuidadosamente una serie de pensamientos, que luego va acomodando con dedicada atención.

Todo esto, entresacado de su vasta experiencia, que es sembrada después de haber experimentado algún acontecimiento, lo mismo doloroso que alegre, imprevisto o sutil.

Nació esta vocación con el gusto que produce buscar caminos que sean factibles para conducir la educación de nuestros hijos y él, amoroso y entusiasta, se dio a la tarea de ponerlos al alcance de nuestros hijos, más tarde al alcance de sus amigos y en general de todos aquellos con quienes tuviera contacto.

Así nació una rica tradición llena de agradables sorpresas, en la que nos fuimos encontrando que su propósito fue decir algo con sencillez que todos apreciáramos conocer.

En este largo camino, primero elaboró tarjetas, más tarde folletos, después libros que hoy suman diecinueve y, con el apoyo de su casa editorial, los dio a conocer internacionalmente.

Por sus diferentes secciones han pasado lo mismo filósofos que escritores, gobernantes que políticos, hombres de ciencia y maestros, ideólogos de todas las corrientes filosóficas que desean el amor por sus semejantes, a la par que el ama de casa, el joven, el muchacho entusiasta y aquel que tiene una experiencia que compatir con sus semejantes.

Todos ellos han fortalecido el espíritu y la
sensibilidad de los lectores.

Gracias a ello ha sido posible que salgan a la luz
otros libros con iguales deseos y aspiraciones.

Pero a la par de estos personajes que nos dejan
su sabiduría, Roger, con el entusiasmo que
le caracteriza, siempre busca a los autores
originales y cuando los encuentra estalla en
júbilo, agregándolos en cada nueva edición como
la estrella que habrá de ocupar el lugar que le
corresponde.

Vaya que han sido largas horas, dedicadas a buscar
que nuestros hijos aprendieran y conocieran las
experiencias humanas con inmejorables ejemplos,
mismos que Roger se ha propuesto compartir,
aportando su granito de arena a la humanidad.

Por eso, el propósito de este libro, como los
anteriores, es decir algo que debe ser dicho,
sin olvidar que la sencillez es la base de la
experiencia humana.

SANTOS VERGARA BADILLO

AUXILIO EN LA LLUVIA

Una noche, a las 11:30 p.m. una mujer afroamericana de edad avanzada se encontraba parada en el acotamiento de una autopista de Alabama bajo una fuerte tormenta. Su auto se había descompuesto y ella necesitaba desesperadamente que la llevaran.

Toda mojada, decidió detener el siguiente auto.
Un joven blanco se detuvo a ayudarla, a pesar de los conflictos raciales recientes.

El joven la llevó a un lugar seguro, la ayudó a obtener asistencia y la puso en un taxi. Ella parecía bastante agobiada. Anotó la dirección del joven, le agradeció y se fue.

Pasaron siete días cuando tocaron a la puerta de su casa. Para su sorpresa, un tocadiscos con una enorme colección de acetatos le fue entregado por correo.

Tenía una nota adjunta al paquete, que decía:

> *Muchísimas gracias por ayudarme en la autopista la otra noche. La lluvia anegó no sólo mi ropa sino mi espíritu.*

> *Entonces apareció usted. Gracias a usted pude llegar al lado de mi marido agonizante, justo antes de que muriera.*

> *Dios lo bendiga por ayudarme y por servir a otros desinteresadamente.*

> *Sinceramente:*
> *Mrs. Nat King Cole*

ANÓNIMO

LIBERTAD

La libertad es un bien pocas veces valorado, hasta que nos sentimos presos de nuestras decisiones.

ROGER PATRÓN LUJÁN

No PIERDAS TU LIBERTAD

A veces confundimos el significado de la palabra
libertad para adaptarla a nuestras necesidades o
nuestros reclamos.

Quisiera libertad para poner un negocio, volverme rico
y no pasar necesidades, dicen algunos. Pero no se dan
cuenta de que la libertad la tienen, libertad para elegir
el medio de progresar y libertad para dedicar el tiempo
necesario a lograrlo.

Un negocio lo puedes iniciar con mucho capital o
simplemente en un pequeño garage y promoviendo tus
productos y tus servicios paso a paso.

Mi padre inició con nosotros un gran negocio que hoy
es una empresa líder en el mercado. Nosotros íbamos de
calle en calle, de pueblo en pueblo visitando los pequeños
comercios como ferreterías, papelerías, mueblerías y
dejábamos "una probadita" de nuestro producto. Después
regresábamos y ya asegurábamos un pedido que fue
creciendo poco a poco, porque la calidad de nuestro
producto y nuestro servicio nos permitían promovernos.

Por eso les digo: si quieren la libertad para viajar por el
mundo, para lograr grandes oportunidades en la vida,
para disfrutar de proyección, no esperen más. La libertad
no les llegará si no arriesgan, si no estudian, porque ahí
radica la libertad.

Tienen la libertad para elegir lo que deseen estudiar,
tienen la libertad para emprender el camino del
conocimiento, tienen libertad para utilizar el tiempo
necesario en esforzarse por lograr un objetivo, y es ahí
donde surge la libertad.

¡La libertad la tienes, no esclavices tu mente en sueños vanos!

ROGER PATRÓN LUJÁN

MI RENUNCIA

A quien corresponda:

Por medio de la presente otorgo mi renuncia a ser
adulto. He decidido aceptar la responsabilidad de tener
seis años nuevamente.

Quiero comer salchichas calientes en el carrito
de la esquina y pensar que es un restaurante de
cinco estrellas.

Quiero navegar barquitos de papel en un estanque
y hacer ondas en el agua tirando piedras.

Quiero pensar que los dulces son mejores que el
dinero, pues se pueden comer.

Quiero tener un receso a la mitad del día y pintar
con acuarelas.

Quiero salir de mi casa nuevamente sin preocuparme
cómo luce mi cabello.

Quiero tener a alguien que me arregle y me planche
mi ropa.

Quiero regresar a mi casa, a una comida casera y que
alguien corte mi carne.

Quiero tomar largos baños y dormir diez largas
horas todas las noches.

Quiero abrazar a mis padres todos los días y enjugar
mis lágrimas en sus hombros.

Cuando todo lo que sabía eran colores, tablas de
sumar y cuentos fantásticos; y eso no me molestaba
porque no sabía que no sabía y no me preocupaba
por no saber.

Quiero regresar a los tiempos donde la vida era sencilla.

Cuando todo lo que sabía era ser feliz porque no sabía las cosas que preocupan y molestan.

Quiero pensar que todo el mundo es justo, que todo el mundo es honesto y bueno.

Quiero pensar que todo es posible.

Cuando pensaba que lo peor que me podía pasar era perder mi pelota o ser el último escogido al momento de hacer equipos.

Recuerdo cuando era inocente y pensaba que todo el mundo era feliz porque yo lo era.

Caminaba solo por la calle pensando sólo en la siguiente línea en el concreto.

Quiero creer en el poder de la sonrisa, del abrazo, del apretón de manos, de la palabra dulce de la verdad, de la justicia, la paz, la libertad, los sueños, la imaginación.

Quiero creer en la raza humana y quiero volver a dibujar muñecos en la tierra.

Quiero tener de nuevo seis años.

Anónimo

Sueña lo que tú quieras soñar,
ve a donde quieras ir, sé lo que quieras ser.

Porque sólo tienes una vida y una oportunidad
para hacer todas las cosas que quieras hacer.

Anónimo

ARRIESGARSE

Reír es arriesgarse a parecer un tonto.

Llorar es arriesgarse a parecer un sentimental.
Hacer algo por alguien es arriesgarse a involucrarse.
Expresar sentimientos es arriesgarse a mostrar tu
verdadero yo. Exponer tus ideas y tus sueños es
arriesgarte a perderlos.

Amar es arriesgarse a no ser correspondido. Vivir es
arriesgarse a morir. Lanzarte es arriesgarte a fallar.

Esperar es arriesgarse a la desesperanza. Pero debes
tomar los riesgos, porque el peligro más grande en la
vida es no arriesgarse.

La persona que no arriesga, no hace ni tiene nada.
Posiblemente evite sufrimientos y preocupaciones, pero
simplemente no puede aprender, sentir, cambiar, crecer,
amar y vivir.

Sólo una persona que se arriesga es libre.

ANÓNIMO

Del tamaño de tu fe será el tamaño de tu respuesta.

ANÓNIMO

*La libertad es una facultad que amplía el uso de todas las
otras facultades.*

EMMANUEL KANT

LIBERTAD DE ELEGIR

Soy libre desde que decidí en qué y cómo invertir mi tiempo.

Soy libre porque sé cuándo debo trabajar en la creación de
un bien para la industria.

Soy libre para dedicar tiempo a crear un libro que llevará
un poco de aliento a tu vida o la de tus amigos.

Soy libre y agradezco cada día la oportunidad de
participar por el bien de mi prójimo.

Soy libre de elegir, aconsejar, decidir, mas nunca seré libre
para dejar de crear, dejar de trabajar, dejar de colaborar.

ROGER PATRÓN LUJÁN

Permítete enamorarte, liberarte, y pon tu vista en un lugar muy alto.
Mantén tu cabeza erguida porque tienes todo el derecho a hacerlo.
Repítete que eres un individuo magnífico y... CRÉELO.
Si no crees en ti mismo nadie más lo hará.
¡Crea tu propia vida y vívela!

ANÓNIMO

Cada día ofrece la posibilidad de un nuevo comienzo.

Es necesario enfrentar todo problema de acuerdo con los cambios
internos que suceden a medida que el ser evoluciona.

HERMAN A. KEYSERLING

LA HUMILDAD

Se acercaba mi cumpleaños y quería pedir un deseo especial al apagar las velas de mi pastel.

Caminando por el parque, me senté al lado de un mendigo que estaba en uno de los bancos, el más retirado, viendo dos palomas revolotear cerca del estanque y me pareció curioso ver al hombre de aspecto abandonado mirar a las avecillas con una sonrisa en la cara que parecía eterna.

Me acerqué a él con la intención de preguntarle por qué estaba tan feliz.

Quise también sentirme afortunado al conversar con él para estar más orgulloso de mis bienes, porque yo era un hombre al que no le faltaba nada; tenía mi trabajo que me producía mucho dinero. Claro, cómo no iba a producírmelo trabajando tanto. Tenía a mis hijos, a los cuales gracias a mi esfuerzo tampoco les faltaba nada y tenían los juguetes que quisieran. En fin, gracias a mis interminables horas de trabajo, no le faltaba nada ni a mi esposa ni a mi familia.

Me acerqué al hombre y le pregunté:

—Caballero, ¿qué pediría usted como deseo en su cumpleaños?

Pensé que el hombre me contestaría "dinero" y así de paso yo podría darle unos billetes y hacer la obra de caridad del año.

Cuál no sería mi asombro cuando el hombre me contestó lo siguiente, con la misma imborrable sonrisa en su rostro:

—Amigo, si pidiera algo más de lo que tengo, sería muy egoísta. Ya he tenido todo lo que necesita un hombre en la vida y más.

Vivía con mis padres y mi hermano antes de perderlos una tarde de junio, hace mucho; conocí el amor de mi padre y mi madre que se desvivían por darme todo el amor que les era posible dentro de nuestras limitaciones económicas.

Al perderlos, sufrí muchísimo pero entendí que hay otros que nunca conocieron ese amor y me sentí mejor.

Cuando joven, conocí a una niña de la cual me enamoré perdidamente. Un día la besé y estalló en mí el amor. Cuando se marchó, mi corazón sufrió enormemente. Recordé ese momento y pensé que hay personas que nunca han conocido el amor y me sentí mejor.

Un día en este parque, un niño que correteaba cayó al piso y comenzó a llorar. Yo lo ayudé a levantarse, le sequé las lágrimas con mis manos y jugué con él unos instantes más. Aunque no era mi hijo me sentí padre, y me sentí feliz porque pensé que muchos no han conocido ese sentimiento.

Cuando siento frío y hambre en el invierno, recuerdo la comida de mi madre y el calor de nuestra pequeña casita y me siento mejor, porque hay otros que nunca lo han sentido y tal vez no lo sientan jamás.

Cuando consigo dos piezas de pan, comparto una con otro mendigo del camino y siento el placer de compartir con quien lo necesita; recuerdo que hay quienes jamás sentirán esto.

Mi querido amigo, qué más puedo pedir a Dios o a la vida cuando lo he tenido todo, y lo más importante es que soy consciente de ello.

Puedo ver la vida en su más simple expresión, como esas dos palomitas jugando, ¿qué necesitan ellas?

Lo mismo que yo, nada. Estamos agradecidos al cielo por esto, y sé que usted pronto lo estará también.

Miré hacia el suelo un segundo, como perdido en la grandeza de las palabras de aquel sabio que me había abierto los ojos con su sencillez. Cuando miré a mi lado ya no estaba, sólo las palomitas y un arrepentimiento enorme por la forma en que había vivido sin haber conocido la vida.

Jamás pensé que aquel mendigo, tal vez un ángel enviado por el Señor, me daría el regalo más precioso que se le puede dar a un ser humano...

¡La humildad!

ANÓNIMO

La pregunta no es "¿Quién soy yo?
sino ¿Quién puedo llegar a ser de acuerdo con mi libertad?

ANÓNIMO

Un pueblo que tiene libertad para decirlo todo, puede llegar a conseguirlo todo.

NAPOLEÓN

No hay nada más precioso que la independencia y la libertad.

HO-CHI-MINH

QUEDA PROHIBIDO

Queda prohibido llorar sin aprender, levantarte un día sin saber qué hacer, tener miedo a tus recuerdos.

Queda prohibido no sonreír a los problemas, no luchar por lo que quieres, abandonarlo todo por miedo, no convertir en realidad tus sueños. Queda prohibido no demostrar tu amor, hacer que alguien pague tus dudas y mal humor.

Queda prohibido dejar a tus amigos, no intentar comprender lo que vivieron juntos, llamarles sólo cuando los necesitas.

Queda prohibido no ser tú ante la gente, fingir ante las personas que no te importan, hacerte el gracioso con tal de que te recuerden, olvidar a toda la gente que te quiere.

Queda prohibido no hacer las cosas por ti mismo, no creer en Dios y hacer tu destino, tener miedo a la vida y a sus compromisos, no vivir cada día como si fuera un último suspiro.

Queda prohibido echar a alguien de menos sin alegrarte, olvidar sus ojos, su risa, todo porque sus caminos han dejado de abrazarse, olvidar su pasado y pagarlo con su presente.

Queda prohibido no intentar comprender a las personas, pensar que su vida vale más que la tuya, no saber que cada uno tiene su camino y su dicha.

Queda prohibido no crear tu historia, dejar de dar las gracias a Dios por tu vida, no tener un momento para la gente que te necesita, no comprender que lo que la vida te da, también te lo quita.

Queda prohibido no buscar tu felicidad, no vivir tu vida con una actitud positiva, no pensar en que podemos ser mejores, no sentir que sin ti este mundo no sería igual.

ANÓNIMO

EL ÁRBOL CONFUNDIDO

Había una vez, en algún lugar que podría ser cualquier lugar, y en un tiempo que podría ser cualquier tiempo, un hermoso jardín, con manzanos, naranjos, perales y bellísimos rosales, todos ellos felices y satisfechos.

Todo era alegría en el jardín, excepto por un árbol profundamente triste. El pobre tenía un problema: "No sabía quién era".

Lo que le faltaba era concentración, le decía el manzano, si realmente lo intentas, podrás tener sabrosas manzanas. ¿Ves que fácil es?

No lo escuches, exigía el rosal. Es más sencillo tener rosas y ¿ves que bellas son?

Y el árbol, desesperado, intentaba todo lo que le sugerían, y como no lograba ser como los demás, se sentía cada vez más frustrado.

Un día llegó hasta el jardín el búho, la más sabia de las aves, y al ver la desesperación del árbol, exclamó:

No te preocupes, tu problema no es tan grave, es el mismo de muchísimos seres sobre la tierra. Yo te daré la solución:

No dediques tu vida a ser como los demás quieran que seas... Sé tu mismo, conócete y, para lograrlo, escucha tu voz interior.

Y dicho esto, el búho desapareció.

¿Mi voz interior... ?, ¿ser yo mismo...?, ¿conocerme...? se preguntaba el árbol desesperado, cuando de pronto comprendió...

Y cerrando los ojos y los oídos, abrió el corazón, y por fin pudo escuchar su voz interior diciéndole:

Tú jamás darás manzanas, porque no eres un manzano, ni florecerás cada primavera porque no eres un rosal.

Eres un roble y tu destino es crecer grande y majestuoso.

Dar cobijo a las aves, sombra a los viajeros, belleza al paisaje... tienes una misión ¡Cúmplela!

Y el árbol se sintió fuerte y seguro de sí mismo y se dispuso a ser todo aquello para lo cual estaba destinado. Así, pronto llenó su espacio y fue admirado y respetado por todos.

Y sólo entonces el jardín fue completamente feliz.

Yo me pregunto al ver a mi alrededor:

¿Cuántos serán robles que no se permiten a sí mismos crecer?
¿Cuántos serán rosales que por miedo al reto, sólo dan espinas?
¿Cuántos, naranjos que no saben florecer?

En la vida, todos tenemos un destino que cumplir, un espacio que llenar...

No permitamos que nada ni nadie, nos impida conocer y compartir la maravillosa esencia de nuestro ser.

ANÓNIMO

La confianza en uno mismo es el primer secreto del éxito.

RALPH WALDO EMERSON

La base de un estado democrático es la libertad.

ARISTÓTELES

AMOR

Una sonrisa será el principio ideal para el amor.
Si regalas sonrisas recibirás amor sin cuentagotas.

ROGER PATRÓN LUJÁN

DONANDO SANGRE...

DONANDO VIDA

Hace muchos años, cuando trabajaba como
voluntario en un hospital de Stanford, conocí a
una niñita llamada Liz quien sufría de una extraña
enfermedad. Su única oportunidad de recuperarse
era una transfusión de sangre de su hermano de
cinco años, quien había sobrevivido milagrosamente
a la misma enfermedad y había desarrollado los
anticuerpos necesarios para combatirla.

El doctor explicó la situación al hermano de la niña,
y le preguntó si estaría dispuesto a dar su sangre a
su hermana.

Yo lo vi dudar un momento antes de tomar un gran
suspiro y decir:

—Sí, lo haré si eso salva a Liz.

Durante la transfusión, él estaba acostado en una cama
al lado de su hermana y sonreía, mientras nosotros lo
asistíamos a él y a su hermana, viendo retornar el color
a las mejillas de la niña. Entonces la cara del niño se
puso pálida y su sonrisa desapareció. Miró al doctor y
le preguntó con voz temblorosa:

—¿A qué hora empezaré a morirme?

Siendo sólo un niño, no había comprendido al doctor;
él pensaba que le daría toda su sangre a su hermana.
¡Y aun así se la daba!

¡Da todo a quien ames!

ANÓNIMO

LA FLOR

Había una joven que aparentemente tenía todo.
No obstante, ella no conseguía darse tiempo para
atender a su familia —marido e hijos— y a su trabajo.
Un día, su padre, un hombre muy sabio, le dio un
regalo: una flor rarísima, de la cual sólo había un
ejemplar en todo el mundo.

Él le dijo:

Hija, esta flor te va a ayudar mucho más de lo que
te imaginas. Tan sólo tendrás que regarla y podarla
de vez en cuando y a veces conversar un poco con
ella; a cambio te dará ese perfume maravilloso y esas
grandiosas flores.

La joven quedó muy emocionada, pues la flor era de
una belleza sin igual.

Conforme el tiempo pasaba y el trabajo consumía cada
vez más de su tiempo, ella cuidaba cada vez menos de
la familia y de la flor. Llegaba a casa, miraba la flor y
veía que seguía linda y perfumada, y pasaba de largo.

Pero un día llegó a casa y la flor estaba completamente
muerta: la raíz reseca, las hojas amarillas y la flor
caída.
La joven lloró mucho y le contó a su padre lo ocurrido.

Él entonces respondió:

—Ya me imaginaba que eso ocurriría y no te puedo
dar otra flor porque no existe otra igual.

Era única, al igual que tus hijos, tu marido y tu familia.

Todos son bendiciones que el Señor te dio, pero tú
tienes que aprender a regarlos, podarlos y darles
atención, pues al igual que la flor, los sentimientos
también mueren.

Te acostumbraste a ver la flor siempre allí, siempre florida, siempre perfumada y te olvidaste de cuidarla.

¡Cuida a las personas que amas!

Anónimo

Quizá Dios quiere que conozcamos una pocas personas equivocadas antes de conocer a la correcta, para que cuando finalmente conozcamos a la persona correcta, sepamos cómo estar agradecidos por ese regalo.

Anónimo

No existe nada más hermoso que el amor. Es aroma de ámbar, goce indescriptible, consumación de todos los sentidos. Sin él la vida es lenta, estéril, gris.

María Elena Pezet

Recuerda que la mejor relación es aquella donde el amor entre dos personas es más grande que la necesidad del uno por el otro.

Anónimo

HE APRENDIDO

He aprendido que cuando estás enamorado, se nota...

He aprendido que una persona que me dice,
"Me alegraste el día"... alegra mi día.

He aprendido que ser niño es más importante
que estar en lo correcto.

He aprendido que nunca debes decir "no" al regalo
de un niño.

He aprendido que siempre puedo rezar por alguien,
cuando no tengo otro modo de ayudarlo.

He aprendido que no importa qué tan serio debas ser
en la vida, todos necesitamos un amigo con el que
podamos reír a carcajadas.

He aprendido que, algunas veces, todo lo que una
persona necesita es una mano que sostener y un
corazón que entender.

He aprendido que la vida es como una espiral,
mientras más se acerca el final, más rápido camina.

He aprendido que debemos estar felices porque Dios
no nos da todo lo que pedimos.

He aprendido que esas pequeñas cosas que pasan
diariamente son las que hacen la vida espectacular.

He aprendido que debajo del duro escudo de las
personas, hay alguien que quiere ser apreciado y amado.

He aprendido que Dios no hizo todo en un solo día...
¿qué me hace pensar que yo puedo?

He aprendido que ignorar los hechos no los cambia.

He aprendido que es el amor,
no el tiempo, el que cura las heridas.

He aprendido que cada persona a la que conoces
merece el obsequio de una sonrisa.

He aprendido que nadie es perfecto,
hasta que te enamoras de alguien.

He aprendido que las oportunidades nunca se pierden;
alguien más tomará aquella que tú dejaste pasar.

He aprendido que uno debe decir palabras suaves y
tiernas, porque más adelante puedes tener que tragártelas.

He aprendido que una sonrisa es la manera más barata
de lucir mucho mejor.

He aprendido que no puedo elegir cómo me siento,
pero puedo elegir qué hago con respecto a eso.

He aprendido que todos quieren estar en la cima de la
montaña, pero que toda la felicidad y las experiencias
agradables suceden mientras se escala hacia ella.

ANÓNIMO

Hay que ir levantando fortalezas de cariño.
Sentirse amado fortalece y endulza.
Sólo el amor engendra melodías.
Del mismo germen son la miel, la luz y el beso.
Amor, sol de la vida.

ATRIBUIDO A JOSÉ MARTÍ

LA TERNURA

No es ternura el fuego de una pasión...
    sino la suavidad de una caricia.

No es ternura el oleaje que se desborda...
    sino el beso del cielo con el mar.

No es ternura la montaña que nos sobrecoge...
    sino la maceta de violetas perfumadas en la ventana.

No es ternura lo grandioso...
    sino la delicadeza, la insignificancia, el detalle.

No es ternura lo que se da...
    sino lo que se refleja y se deja traslucir.

No es ternura el sol que calcina...
    sino la luna que embruja.

No es ternura el fuego que abraza...
    sino el leño que se consume.

No es ternura lo que sobresale y resalta...
    sino el escondite... el beso...
    la insinuación... la luz y la rosa.

La ternura parece por momentos olvidada.
Mas tendríamos que revivirla, pues es lo que logra que
nuestros días, nuestra vida pasen de ser un mero transitar
a ser inolvidables.

La ternura está en aquello que parece pequeño pero que
se hace grande en el corazón.

El beso sincero, el apretón cálido de manos, el abrazo
inesperado, una mirada llena de cariño que nos dice
¡estoy aquí, puedes contar conmigo! pocas palabras en un
papel que dicen todo.

En los niños, vemos la ternura todos los días.

Nos cautivan con sus expresiones sinceras, con la caricia que llega a nosotros sin tener que hacer ningún reclamo.

En el beso, en el abrazo que no puede envolvernos pero que nos hace sentir ese corazón muy cerca de nosotros.

Hemos crecido, somos adultos, dejamos muchas cosas olvidadas o, de tanto golpearnos, quedaron en nuestro interior adormecidas, paralizadas, congeladas.

Intentemos revivirlas...

La ternura no está en lo grande ni en lo brillante
ni en lo que se destaca; está en lo pequeño,
en lo sencillo, en esas pequeñas cosas de todos los días.

La ternura vitaliza al viejo, duerme al niño...
¡y desarma al hombre!

Anónimo

El amor refuerza el corazón y da luz a la mente para idear grandes sueños que se cristalizan al crear logros monumentales.

El amor es la base para encauzar toda buena obra.

La fuerza del amor nos permite realizar grandes hazañas.

Roger Patrón Luján

TÚ, ¿A QUIÉN ESCOGERÍAS?

Una mujer regaba el jardín de su casa y vio a tres viejitos frente a su jardín.

Aunque ella no los conocía, les dijo: No creo conocerlos, pero deben tener hambre. Por favor, entren a mi casa para que coman algo.

Ellos preguntaron:

—¿Está el hombre de la casa?

—No —respondió ella— no está.

—Entonces no podemos entrar —dijeron ellos—. Nos sentaremos afuera a esperar su llegada.

Al atardecer, cuando el marido llegó, ella le contó lo sucedido.

—¡Diles que ya llegué, invítalos a pasar!

La mujer salió a invitar a los hombres a pasar a su casa.

—No podemos entrar a una casa los tres juntos —explicaron los viejitos.

—¿Por qué? —quiso saber ella—. Uno de los hombres apuntó hacia otro de sus amigos y explicó:

—Su nombre es Riqueza. Luego indicó hacia el otro: su nombre es Éxito y yo me llamo Amor. Ahora ve adentro y decide con tu marido a cuál de nosotros tres desean invitar a su casa.

La mujer entró a su casa y le contó a su marido lo que ellos le dijeron. El hombre se puso feliz:

—¡Qué bueno!

—Y ya que así es el asunto, entonces invitemos a Riqueza, que entre y llene nuestra casa.

Su esposa no estuvo de acuerdo:

—Querido, ¿por qué no invitamos a Éxito?

La hija del matrimonio estaba escuchando desde la otra esquina de la casa y vino corriendo.

—¿No sería mejor invitar a Amor? Nuestro hogar estaría entonces lleno de amor.

—Hagamos caso del consejo de nuestra hija —dijo el esposo a su mujer.

—Ve afuera e invita a Amor a que sea nuestro huésped.

La esposa salió y les preguntó:

—¿Cuál de ustedes es Amor? Por favor que venga y que sea nuestro invitado.

Amor se levantó y comenzó a avanzar hacia la casa.

Los otros dos también se levantaron y le siguieron. Sorprendida, la mujer les preguntó a Riqueza y a Éxito:

—Yo invité sólo a Amor ¿por qué ustedes también vienen?

Los viejitos respondieron juntos:

—Si hubieras invitado a Riqueza o a Éxito los otros dos habríamos permanecido afuera, pero ya que invitaste a Amor, donde vaya él, nosotros vamos con él.

Dondequiera que hay amor, hay también riqueza y éxito.

Anónimo

ES MUY CIERTO...

Que no podemos forzar a una persona a amarnos,
únicamente podemos ser alguien que ama,
el resto depende de los demás.

Que dos personas pueden observar la misma cosa
y ver algo totalmente diferente.

Que existen personas que me quieren mucho,
pero no saben expresarlo.

Que puedo hacer todo o nada con mi mejor amigo
y siempre gozar el momento.

Que la madurez tiene que ver más con la experiencia que
hemos vivido, y no tanto con los años que hemos cumplido.

Que hay dos días de cada semana
por los que no debemos preocuparnos: ¡ayer y mañana!
El único momento valioso es ahora.

Que puedo hacer algo por impulso,
y arrepentirme el resto de mi vida.

Que la pasión de un sentimiento desaparece rápidamente.
Que si no controlo mi actitud, ésta me controlará a mí.
Que no importa si mi corazón está herido,
el mundo sigue girando.
Que es más fácil reaccionar que pensar.

Que al final de la vida me doy cuenta
que las únicas cosas que valieron la pena son:
mi familia, mi fe, un grupo muy selecto de amigos
y unas experiencias que me dieron crecimiento personal.

*Que es mucho mejor expresar mis sentimientos
que guardarlos dentro de mí.*

ANÓNIMO

EL ABRAZO SALVADOR

El abrazo salvador se refiere a la vida de unas mellizas
que al nacer estuvieron en sus respectivas incubadoras,
pero una de ellas no tenía esperanza de vida. A la jefa
de enfermeras del hospital se le ocurrió una idea y luchó
contra las reglas hospitalarias para que estuvieran juntas.
Lo más hermoso fue cuando, al ponerlas juntas, la bebé
que estaba muy bien abrazó a su hermanita regulando con
el calor de su cuerpo la temperatura y el pulso; fue así que
logró estabilizar el ritmo cardiaco de su hermanita.

Que no se nos olvide lo importante que es abrazar
a quienes amamos y cuánto bien nos hace a todos
abrigarnos el corazón con la calidez de un abrazo.

Un abrazo dice y hace muchísimo...
abraza a tu amigo, abraza a tu ser querido.

SALVADOR Y DORIS GAYOL

Mide tu éxito por lo que tuviste que dejar atrás para obtenerlo.

ANÓNIMO

La felicidad radica en el hacer y no en el poseer.

NAPOLEON HILL

El amor nace con una sonrisa, crece con un beso, y acaba con
una lágrima.

ANÓNIMO

Amar es un proyecto

Aunque el amor es más atractivo en sus inicios, es más valioso al correr del tiempo.

Dicen que la primera etapa del amor, que es el enamoramiento, flechazo o ilusión, es la mejor de una relación. Yo te digo:

No, absolutamente no es cierto. ¿Por qué?

Porque el amor, en cada una de sus etapas, es hermoso.

Las primeras sensaciones de enamoramiento son maravillosas: mariposas en el estómago, temblor en las piernas y la voz, falta de coordinación de pensamientos.

Sin embargo, muchas personas, cuando empiezan a conocer los defectos y las desventajas de su pareja, se desilusionan a tal punto de terminar con la relación.

Nadie es perfecto, eso es seguro. Así como miramos defectos en nuestras parejas, así ellos (o ellas) miran los nuestros. Entonces:

El amor no es simplemente una serie de sentimientos que crean un caos dentro de nosotros.

El amor es creer, es soportar, es esperar.
El amor, como bien han dicho muchos, es parecido a una plantita: se poda, se le quitan las ramitas muertas, se abona, se riega, se cuida...

¡Todos los días!

Aprendamos a encontrar lo hermoso en cada etapa, aprendamos a amar con decisión y fuerza, aprendamos a amar con pasión, pero también con sabiduría.

¡Aprendamos a cuidarlo, a hacerlo crecer!

Porque, más que sentimientos, es una decisión, es encontrar a tu pareja merecedora de tus cuidados, de tu reconocimiento, de tu orgullo.

No porque es bueno o porque te trata bien, porque te lleva flores o porque te llena de besos.

Simplemente porque es quien tú escogiste para estar contigo, y esa razón debe ser más que suficiente para hacerlo o hacerla feliz.

Anónimo

Al amor lo pintan ciego y con alas: ciego para no ver los obstáculos; con alas, para poder salvarlos.

Richard Bach

El amor es el medio principal para lograr las grandes obras de la vida. Amor a tu pareja, a tu familia, a tu patria.

El amor es fuente de inspiración y, sin el amor, cualquier creación quedará como eso, una gran creación, pero sin el alma que requiere una gran obra.

Roger Patrón Luján

FELICIDAD

Todos los días levántate y alégrate.
Este nuevo día te brindará aprendizaje, nuevas
experiencias y, sobre todo, la felicidad de dar
tu amor a los demás.

ROGER PATRÓN LUJÁN

SONRÍE TODO LO QUE PUEDAS

Aférrate a tus sueños y no los abandones.

¡Muestra al mundo lo maravilloso que puedes ser!

Confía en las posibilidades de la vida y no te apresures a juzgar a los demás.

Confía en tu estrella que brilla en el cielo.

Encara tus problemas, uno por uno, para poder solucionarlos.

Confía en tu fuerza interior.

Muestra al mundo la luz de tu alma.

Acércate a los que traen amor a tu vida.

Mira lo bueno de la vida y no sucumbas a las adversidades.

Muéstrate tal como eres, pues tienes cualidades especiales que te han sostenido hasta ahora y que siempre te sostendrán.

No pierdas el valor.

¡Llena todo lo que puedas tu corazón de alegría,
y riega con ella todo lo que hagas!

ANÓNIMO

LLUVIA DE ESTRELLAS

Existían millones de estrellas en el cielo. Estrellas de todos los colores: blancas, plateadas, verdes, doradas, rojas, azules.

Un día, inquietas, se acercaron a Dios y le dijeron:
—Señor Dios, nos gustaría vivir en la tierra entre los hombres.

—Así será —respondió el Señor—. Las conservaré a todas ustedes pequeñitas, como las ven los hombres, para que puedan bajar a la tierra.

Cuentan que en aquella noche hubo una linda lluvia de estrellas. Algunas se acurrucaron en las torres de las iglesias, otras fueron a jugar y a correr junto con las luciérnagas por los campos, otras se mezclaron con los juguetes de los niños y la tierra quedó maravillosamente iluminada.

Pero, con el pasar del tiempo, las estrellas decidieron abandonar a los hombres y volver al cielo, dejando la tierra oscura y triste.

—¿Por qué volvieron? —preguntó Dios, a medida que ellas iban llegando al cielo.

—Señor, no nos fue posible permanecer en la tierra, allí existe mucha miseria y violencia, mucha maldad, mucha injusticia.

Y el señor les dijo:

—¡Claro! El lugar de ustedes es aquí en el cielo. La tierra es el lugar de lo transitorio, de aquello que pasa, de aquello que cae, de aquel que yerra, de aquel que muere, nada es perfecto. El cielo es el lugar de la perfección, de lo inmutable, de lo eterno, donde nada perece.

Después de que llegaron las estrellas, al verificar su número, Dios habló de nuevo:

—Nos está faltando una estrella. ¿Será que se perdió en el camino? Un ángel que estaba cerca replicó:

—No señor, una estrella resolvió quedarse entre los hombres. Ella descubrió que su lugar es exactamente donde existe la imperfección, donde hay límite, donde las cosas no van bien, donde hay lucha y dolor…

—¿Qué estrella es? —volvió a preguntar Dios.

—Es la Esperanza, Señor. La estrella verde. La única estrella de ese color.

Y cuando miraron para la tierra, la estrella no estaba sola. La tierra estaba nuevamente iluminada porque había una estrella verde en el corazón de cada persona. Porque el único sentimiento que el hombre tiene y Dios no necesita retener es la Esperanza.

Dios ya conoce el futuro y la Esperanza es propia de la persona humana, propia de aquel que yerra, de aquel que no es perfecto, de aquel que no sabe cómo será el futuro.

Recibe en este momento esta estrellita en tu corazón, la esperanza, tu estrella verde. No dejes que ella huya y no permitas que se aparte.

Ten la certeza de que ella iluminará tu camino, sé siempre positivo y agradece a Dios todo. Sé siempre feliz y contagia con tu corazón iluminado a otras personas.

ANÓNIMO

En este mundo, la felicidad, cuando llega, llega incidentalmente. Si la perseguimos, nunca la alcanzamos. En cambio, al perseguir otras metas, puede ocurrir que nos encontremos con ella cuando menos lo esperamos.

NATHANIEL HAWTHORNE

EL BUSCADOR

Ésta es la historia de un hombre al que yo definiría como un buscador... un buscador es alguien que busca, no necesariamente alguien que encuentra.

Tampoco es alguien que, necesariamente, sabe qué es lo que está buscando, es simplemente alguien para quien su vida es una búsqueda.

Un día, el buscador sintió que debía ir hacia la ciudad de Kammir. Él había aprendido a hacer caso riguroso a estas sensaciones que venían de un lugar desconocido de sí mismo, así que dejó todo y partió.

Después de dos días de marcha por los polvorientos caminos divisó, a lo lejos, Kammir. Un poco antes de llegar al pueblo, una colina a la derecha del sendero le llamó mucho la atención.

Estaba tapizada de un verde maravilloso y había un montón de árboles, pájaros y flores encantadores; la rodeaba por completo una especie de valla pequeña de madera lustrada.

Una portezuela de bronce lo invitaba a entrar. De pronto, sintió que olvidaba el pueblo y sucumbió ante la tentación de descansar por un momento en ese lugar.

El buscador traspasó el portal y empezó a caminar lentamente entre las piedras blancas que estaban distribuidas, como al azar, en medio de los árboles. Dejó que sus ojos se posaran como mariposas en cada detalle de este paraíso multicolor.

Sus ojos eran de un buscador y quizá por eso descubrió, sobre una de las piedras, aquella inscripción:

Abdul Tareg vivió 8 años, 6 meses, 2 semanas y 3 días.

Se sobrecogió un poco al darse cuenta de que esa piedra no era simplemente una piedra, era una lápida. Sintió pena al pensar que un niño de tan corta edad estuviera enterrado en ese lugar.

Mirando a su alrededor el hombre se dio cuenta que la piedra de al lado también tenía una inscripción. Se acercó a leerla, decía:

Yamir Kalib vivió 5 años, 8 meses y 3 semanas.

El buscador se sintió terriblemente conmocionado. Este hermoso lugar era un cementerio y, cada piedra, una tumba.

Una por una, empezó a leer las lápidas.

Todas tenían inscripciones similares: un nombre y el tiempo de vida exacto del muerto.

Pero lo que más lo consternó fue comprobar que el que más tiempo había vivido sobrepasaba apenas los once años. Embargado por un dolor terrible, se sentó y se puso a llorar.

El cuidador del cementerio pasaba por ahí y se acercó.

Lo miró llorar por un rato en silencio y luego le preguntó si lloraba por algún familiar.

—No, ningún familiar —dijo el buscador—. ¿Qué pasa con este pueblo? ¿Qué cosa tan terrible hay en esta ciudad? ¿Por qué hay tantos niños muertos enterrados en este lugar? ¿Cuál es la horrible maldición que pesa sobre esta gente, que los ha obligado a construir un cementerio de niños?

El anciano se sonrió y dijo:

—Puede usted serenarse. No hay tal maldición. Lo que pasa es que aquí tenemos una vieja costumbre. Le contaré…

Cuando un joven cumple quince años sus padres le regalan una libreta, como ésta que tengo aquí, colgada del cuello.

Y es tradición entre nosotros que, a partir de allí, cada vez que uno disfruta intensamente de algo, abre la libreta y anota en ella:

A la izquierda, qué fue lo disfrutado…
A la derecha, cuánto tiempo duró el gozo.

Conoció a su novia y se enamoró de ella. ¿Cuánto tiempo duró esa pasión enorme y el placer de conocerla? ¿una semana? ¿dos? ¿tres semanas y media…?

Y después… la emoción del primer beso, ¿cuánto duró? ¿el minuto y medio del beso? ¿dos días, ¿una semana…? ¿Y el embarazo o el nacimiento del primer hijo? ¿Y el casamiento de los amigos…? ¿Y el viaje más deseado…? ¿Y el encuentro con el hermano que vuelve de un país lejano? ¿cuánto tiempo duró el disfrutar de estas situaciones?… ¿Horas? ¿días…?

Así… vamos anotando en la libreta cada momento que disfrutamos… cada momento.

Cuando alguien se muere, es nuestra costumbre abrir su libreta y sumar el tiempo de lo disfrutado, para escribirlo sobre su tumba.

¡Porque ése es, para nosotros, el único y verdadero tiempo vivido!

JAY RABON

Nunca serás feliz hasta que decidas vivir, no nada más existir.

MAURICIO NELLIGAN

QUÉ MILAGRO

A eso de caer y volver a levantarte, de fracasar y volver
a comenzar, de seguir un camino y tener que torcerlo,
de encontrar el dolor y tener que afrontarlo; a eso, no le
llames adversidad, llámale *sabiduría*.

A eso de sentir la mano de Dios y saberte impotente,
de fijarte una meta y tener que seguir otra, de huir de
una prueba y tener que encararla, de planear un vuelo
y tener que recortarlo, de aspirar y no poder, de querer
y no saber, de avanzar y no llegar, a eso, no le llames
castigo, llámale *enseñanza*.

A eso de pasar días juntos radiantes, días felices y días
tristes, días de soledad y días de compañía; a eso, no le
llames rutina, llámale *experiencia*.

A eso de que tus ojos miren y tus oídos oigan y tu cerebro
funcione y tus manos trabajen y tu alma irradie y tu
sensibilidad sienta y tu corazón ame; a eso, no le llames
poder humano, llámale *milagro*.

Anónimo

*Muchas personas se pierden las pequeñas alegrías mientras aguardan
la gran felicidad.*

Pearl S. Buck

*Nuestra más grande gloria consiste no en nunca caer, sino en
levantarnos cada vez que caemos.*

Anónimo

El mejor día de mi vida

Hoy día, cuando me despierto, de pronto me doy cuenta de que éste es el mejor día de toda mi vida.

Hubo momentos en los que me preguntaba si alcanzaría el día de hoy… pero, ¡lo alcancé! Y por haberlo alcanzado…
¡voy a celebrar!

Hoy voy a celebrar qué vida increíble he vivido hasta el momento: los logros, las muchas bendiciones y sí, hasta las dificultades, porque ellas han servido para fortalecerme.

Pasaré este día con la cabeza en alto y el corazón feliz.

Me maravillaré de los dones de Dios, sencillos en apariencia: el rocío de la mañana, el sol, las nubes, los árboles, las flores, los pájaros. Hoy ninguna de esas milagrosas creaciones pasarán sin que yo las note.

Hoy compartiré mi emoción ante la vida con otras personas. Haré sonreír a alguien. Me saldré de lo habitual para realizar un gesto de amabilidad hacia alguien a quien no conozco.

Hoy elogiaré sinceramente a alguien que parezca deprimido. Le diré a un niño lo especial que es y a alguien a quien amo le diré cuán profundamente me interesa y lo mucho que significa para mí.

Hoy es el día cuando dejo de preocuparme por lo que no tengo y empiezo a agradecer todas las cosas maravillosas que Dios ya me ha dado.

Recordaré que preocuparse no es más que una pérdida de tiempo porque mi fe en Él y en su plan divino me asegura que todo saldrá como debe ser. Y esta noche, antes de acostarme, saldré y levantaré los ojos al cielo. Me asombraré ante la belleza de las estrellas y la luna, y alabaré a Dios por esos magníficos tesoros.

Cuando el día se acabe y mi cabeza repose en la almohada, le daré gracias al Todopoderoso por el mejor día de mi vida.

Y dormiré el sueño de una niña satisfecha, emocionada con la expectativa...

¡Porque sé que mañana será el mejor día que haya habido nunca en mi vida!

MÓNICA PATRÓN RAUPACH

Saber transformar los sucesos ordinarios de la vida en fuente de alegría es una habilidad que pocos dominan.

ROBERTO SHINYASHIKI

El carácter — la voluntad de responsabilizarse de la propia vida — es fuente de respeto por uno mismo.

JOAN DIDION

Se dice que el tiempo cambia las cosas, pero en realidad es uno el que tiene que cambiarlas.

ANDY WARHOL

Siempre la felicidad nos espera en algún sitio, pero a condición de que no vayamos a buscarla.

VOLTAIRE

SUFICIENTE FELICIDAD

Que tengas suficiente felicidad para que seas dulce,
suficientes pruebas para que seas fuerte, suficiente
dolor para que sigas siendo un ser humano, suficiente
esperanza para que seas feliz.

La gente más feliz no necesariamente tiene lo mejor de
todo; simplemente disfruta al máximo de todo lo que
está en su camino.

La felicidad aguarda a quienes lloran, a quienes sufren,
a quienes han buscado, a quienes se han esforzado.

Porque sólo esas personas pueden apreciar la
importancia de quienes han dejado huella en su vida.

ANÓNIMO

No hay mejor tranquilizante que una risa sincera.
Quien sabe reír, sabe vivir.

MAURICIO NELLIGAN

La felicidad consiste en tener buena salud y mala memoria.

INGRID BERGMAN

No proporciona tanta felicidad la meta alcanzada, como el divertido
viaje hacia la misma. Goza el camino tanto como el destino.

ANÓNIMO

LA REGLA DE ORO

Si conoces a un niño, ámalo.
Si conoces a un anciano, compréndelo.
Si conoces a un enfermo, consuélalo.
Si conoces a un solitario, dale tu compañía.
Si conoces a un débil, fortalécelo.

Todas esas personas: niño, anciano, enfermo,
solitario, débil, has sido o serás alguna vez.

Necesitarás entonces amor, comprensión,
consuelo, compañía y fortaleza.

Da todo eso cuando te necesiten,
y todo eso recibirás cuando lo necesites tú.

ARMANDO FUENTES AGUIRRE

A menudo, las personas intentan vivir su vida al revés, tratan de tener más objetos o más dinero para hacer lo que más les gusta y de esa manera llegar a la felicidad. En realidad, es lo opuesto.

Primero debes ser quien eres realmente, luego hacer lo que necesitas hacer, para llegar a tener lo que deseas.

MARGARET YOUNG

Las horas felices que pasas al lado de tus hijos son las únicas que de viejo no verás como perdidas.

MAURICIO NELLIGAN

LA SONRISA

¿Has observado tu rostro cuando lo ilumina una sonrisa?

La transformación es instantánea.

Asoma de improviso el yo que todos anhelamos.

Un fenómeno divino se desencadena y, desde ese
momento, todo es posible.

Se diría que la edad se neutraliza en una chispa de
jovialidad que automáticamente se presenta en la mirada.

Por lo tanto, cuando las preocupaciones te agobien,
asómate enseguida a la ventana de un espejo y
descubrirás lo sencillo que es cambiar la tortura facial del
sufrimiento (*con sus variantes de dolor, abatimiento, rencor y
pesadumbre*) en un milagro donde irradia la esperanza: la
sonrisa.

Pequeña pero poderosa fuerza es una sonrisa.
Es el toque mágico que asegura el éxito.

¡Un tesoro gratis a tu alcance!

PABLO LÓPEZ DEL CASTILLO

La alegría es un tesoro que vale más que el oro.

ANÓNIMO

La felicidad radica en el hacer y no en el poseer.

NAPOLEON HILL

VIVE CON ALEGRÍA

No te preocupes por lo que no puedes hacer,
preocúpate por lo que puedes hacer y no haces.

La vida se te da y sólo tú eres responsable de la
manera en que la vives.

No importa cuántas veces lo intentes, lo importante
es que no lo dejes en el camino.

La vida está llena de ilusiones: en nosotros está
encontrar la nuestra y hacer lo imposible para que
se vuelva nuestra realidad.

PATRICIA NERI

El secreto de la dicha reside más bien en darla que en esperarla.

LOUISE M. NORMAND

La alegría está en todas partes,

> *está en la verde cubierta de nuestro planeta,*
> *en la azul serenidad del cielo,*
> *en la temeraria exuberancia de la primavera,*
> *en la severa abstinencia del gris invierno,*
> *en la carne viva que anima nuestro cuerpo,*
> *en el perfecto equilibrio de la figura humana,*
> *noble y bien erguida, en el vivir,*
> *en el ejercitar nuestros poderes,*
> *en el aprender,*
> *en luchar contra el mal.*

La alegría está en todas partes.

RABINDRANATH TAGORE

BUSCANDO LA FELICIDAD

Los discípulos le preguntaron a Hu-ssong:

—Maestro: ¿cuál es el mejor sitio para buscar la felicidad?
Les contestó el filósofo:

—Aquí.

Preguntaron en seguida los alumnos:

—Maestro: ¿cuál es el mejor tiempo para buscar la
felicidad? Les respondió él:

—Ahora.

Preguntaron después los estudiantes:

—Maestro: ¿cuál es la mejor forma de ser felices?
Y respondió Hu- ssong

—Hacer felices a los demás.

Entonces comprendieron los alumnos que la felicidad no
está lejos en el tiempo ni en el espacio. Se halla cerca.

Está aquí, está ahora y está en nosotros.

ARMANDO FUENTES AGUIRRE

*Cuando la puerta de la felicidad se cierra, otra se abre. Pero muchas
veces miramos tanto la puerta cerrada que no vemos la que se nos
ha abierto.*

ANÓNIMO

FELICIDAD SIN LÍMITE

Cuando sabes que la vida puede acabar el siguiente día, o cuando piensas que la luz de tu vida se puede apagar en un instante y volverse nubes de dolor y angustia, es entonces que valoras todo lo bello que la vida te ofrece; es entonces cuando reconoces el cariño a tu alrededor, los obsequios que recibiste en el transcurso de tu vida los valoras realmente como lo que son: dones de Dios que se te dan sin condición.

Si tienes esa oportunidad de sentir que éste puede ser el último día en tu vida, si te preocupa pensar en que no volverás a disfrutar de una puesta de sol, no esperes más, disfruta del amor de tus padres, de la algarabía de tus hijos o tus sobrinos, del saludo de tu vecino, del amor y del baile, del paisaje lleno de sol.

Disfruta, sal al campo, viaja, saborea los duraznos del árbol y juega con el agua de la lluvia, tal vez hoy sea tu último día.

Si nunca ha llegado este sentimiento a tu corazón, da gracias al Creador y vive intensamente.

Abrázate a la vida con toda tu alegría.

SYLVIA HERRERA GALLEGOS

¿Quieres ser feliz?

Si quieres ser feliz, piensa en lo que tienes y no en lo que no tienes, disfruta la vida cada día.

En los pequeños detalles de los momentos importantes, radica la grandeza de la felicidad.

ARACELI BAUTISTA CHÁVEZ

AMISTAD

Mis hijos son la semilla de amor en mi vida,
mis amigos son el fruto de la unión
y la convivencia que, en armonía,
nos hace crecer cada día.

ROGER PATRÓN LUJÁN

AMIGO... SI TUVIERA

Si tuviera un millón de amigos y les pidiera a
cada uno una moneda, sería millonario.

Si tuviera quinientos mil amigos, les pediría
tomarnos de las manos para unir el país.

Si tuviera veinte mil amigos, la empresa de
teléfonos me cortaría la línea cada vez que
cumplo años.

Si tuviera seis mil amigos, me gustaría ser
padrino de seis mil niños.

Si tuviera 365 amigos, pasaría cada día del año
con uno de ellos.

Si tuviera cien amigos, tendría cien consejos.

Si tuviera diez amigos, mi madre tendría diez
hijos más.

Si tuviera cuatro amigos, tendría aseguradas las
cuatro manos que cargarán mi ataúd.

Si tuviera dos amigos, sería dos veces más feliz.

Pero.. si tuviera un solo amigo (*y lo tengo*) no
necesitaría tener más.

Hay quienes quieren tener un millón de amigos,
cuando tú solo vales millones... por eso te quiero
y te cuido.

ANÓNIMO

ÁNGEL Y AMIGO

Un ángel no nos escoge: Dios nos lo asigna.
Un amigo nos toma de la mano y nos acerca a Dios.

Un ángel tiene la obligación de cuidarnos.
Un amigo nos cuida por amor.

Un ángel te ayuda, evitando que tengas problemas.
Un amigo te ayuda a resolverlos.

Un ángel te ve sufrir sin poderte abrazar.
Un amigo te abraza porque no quiere verte sufrir.

Un ángel te ve sonreír y observa tus alegrías.
Un amigo te hace sonreír y te hace parte de sus alegrías.

Un ángel sabe cuándo necesitas que alguien te escuche.
Un amigo te escucha, sin decirle que lo necesitas.

Un ángel en realidad es parte de tus sueños.
Un amigo comparte y lucha para que tus sueños
sean realidad.

Un ángel siempre está contigo ahí, no sabe extrañarnos.
Un amigo, cuando no está contigo, no sólo te extraña,
también piensa en ti.

Un ángel vela tu sueño.
Un amigo sueña contigo.

Un ángel aplaude tus triunfos.
Un amigo te ayuda para que triunfes.

Un ángel se preocupa cuando estás mal.
Un amigo se desvive porque estés bien.

Un ángel recibe una oración tuya.
Un amigo hace una oración por ti.

Un ángel te ayuda a sobrevivir.
Un amigo vive por ti.

Para un ángel, eres una misión que cumplir.
Para un amigo, eres un tesoro que defender.

Un ángel es algo celestial.
Un amigo es la oportunidad de conocer lo más hermoso
que hay en la vida: la amistad.

Un ángel quisiera ser tu amigo.
Un amigo, sin proponérselo, también es tu ángel.

ANÓNIMO

No permitas que una pequeña disputa dañe una gran amistad.

ANÓNIMO

*Cada nuevo amigo que ganamos en la carrera de la vida nos
perfecciona y enriquece, más aún por lo que de nosotros mismos nos
descubre, que por lo que de él mismo nos da.*

MIGUEL DE UNAMUNO

*Cada uno de mis amigos es especial, cada uno de ellos ha compartido
una parte de mi vida, cada uno sabe cuánto lo quiero porque he
aprendido a decírselo, no con palabras sino con acciones y actitudes.*

ROGER PATRÓN LUJÁN

LO MÁS IMPORTANTE DE MI VIDA

En cierta ocasión, durante una charla que di ante un grupo de abogados, me hicieron esta pregunta: ¿Qué es lo más importante que ha hecho en su vida?

La respuesta me vino a la mente en el acto, pero no fue la que di, porque las circunstancias no eran las apropiadas.

En mi calidad de abogado de la industria del espectáculo, sabía que los asistentes deseaban escuchar anécdotas sobre mi trabajo con las celebridades. Pero, he aquí la verdadera, la que surgió de lo más recóndito de mis recuerdos.

Lo más importante que he hecho en la vida tuvo lugar el 8 de octubre de 1990. Comencé el día jugando golf con un excondiscípulo y amigo mío al que no había visto en mucho tiempo. Entre jugada y jugada, conversamos acerca de lo que estaba pasando en la vida de cada cual. Me contó que su esposa y él acababan de tener un bebé.

Mientras jugábamos, llegó el padre de mi amigo que, consternado, le dijo que su bebé había dejado de respirar y lo habían llevado de urgencia al hospital.

En un instante, mi amigo subió al auto de su padre y se marchó. Por un momento me quedé donde estaba, sin acertar a moverme, pero luego traté de pensar qué debía hacer: ¿Seguir a mi amigo al hospital?

Mi presencia allí, me dije, no iba a servir de nada, pues la criatura seguramente estaría al cuidado de médicos y enfermeras, y nada de lo que yo hiciera o dijera iba a cambiar las cosas. ¿Brindarle mi apoyo moral?

Eso, quizás, pero tanto él como su esposa provenían de familias numerosas, y sin duda estarían rodeados de parientes, que les ofrecerían consuelo y el apoyo necesario, pasara lo que pasara.

Lo único que haría sería estorbar. Así, decidí reunirme con ellos e ir más tarde a ver a mi amigo.

Al poner en marcha el auto que había rentado, me percaté que mi amigo había dejado su camioneta, con las llaves puestas, estacionada junto a las canchas.

Decidí, pues, cerrar el auto e ir al hospital a entregarle las llaves. Como supuse, la sala de espera estaba llena de familiares que trataban de consolarlos. Entré sin hacer ruido y me quedé junto a la puerta, tratando de decidir qué hacer.

No tardó en presentarse un médico, que se acercó a la pareja y, en voz baja, les comunicó que su bebé había fallecido.

Durante lo que pareció una eternidad, estuvieron abrazados, llorando, mientras todos los demás los rodearon en medio del silencio y el dolor. El médico les preguntó si deseaban estar un momento con su hijo. Mi amigo y su esposa se pusieron de pie y caminaron resignadamente hacia la puerta.

Al verme allí, en un rincón la madre se acercó, me abrazó y comenzó a llorar. También mi amigo se refugió en mis brazos. Gracias por estar aquí, me dijo.

Durante el resto de la mañana, permanecí sentado en la sala de urgencias del hospital, viendo a mi amigo y a su esposa sostener en brazos a su bebé y despedirse de él.

Eso es lo más importante que he hecho en mi vida. Aquella experiencia me dejó tres enseñanzas:

Primera: Lo más importante que he hecho en la vida ocurrió cuando no había absolutamente nada que yo pudiera hacer. Nada de lo que aprendí en la universidad, ni en los seis años que llevaba ejerciendo mi profesión, ni todo lo racional que fui para analizar mis alternativas, me sirvió en tales circunstancias.

A dos personas les sobrevino una desgracia y yo era impotente para remediarla. Lo único que pude hacer fue acompañarlos y esperar el desenlace. Pero estar allí en esos momentos en que alguien me necesitaba, era lo principal.

Segunda: Estoy convencido que lo más importante que he hecho en mi vida estuvo a punto de no ocurrir, debido a las cosas que aprendí en la universidad, al concepto inculcado de ser racional. Al aprender a pensar, casi me olvidé de sentir. Hoy no tengo duda alguna que debí haber subido al coche sin titubear y seguir a mi amigo al hospital.

Tercera: Aprendí que la vida puede cambiar en un instante. Intelectualmente, todos lo sabemos, pero creemos que las desdichas les pasan a otros. Así pues, hacemos planes y concebimos nuestro futuro como algo tan real, que pareciera que va a ocurrir. Pero, al ubicarnos en el mañana, dejamos de advertir todos los presentes que pasan junto a nosotros y olvidamos que perder el empleo, sufrir una enfermedad grave o un accidente, toparse con un conductor ebrio y miles de cosas más, pueden alterar ese futuro en un abrir y cerrar de ojos.

En ocasiones, nos hace falta vivir una tragedia para volver a poner las cosas en perspectiva.

Desde aquel día, busqué un equilibrio entre el trabajo y la vida, aprendí que ningún empleo, por gratificante que sea, compensa perderse unas vacaciones, romper con la pareja o pasar un día festivo lejos de la familia.

Y aprendí que lo más importante en la vida no es ganar dinero, ni ascender en la escala social, ni recibir honores...

Lo más importante en la vida es el tiempo que dedicamos a cultivar una amistad.

ANÓNIMO

TESORO INVALUABLE

En cierta ocasión estuve pensando lo que significa nuestra amistad. Llegaron tantos recuerdos que resulta imposible contarlos: entre otras cosas; pensé en lo bonito que es tener a alguien en quien confiar, con quien reír o llorar y tener un apoyo incondicional.

Pensé en muchas cosas más; cuando interrumpí mi pensamiento, una sonrisa vino a mi rostro y me hizo sentir una enorme satisfacción interior, por haber encontrado a alguien como tú, porque hay amistad sincera.

Es como si hubieras encontrado un tesoro de valor incalculable, ya que la amistad no tiene precio. Por eso doy gracias a la vida por haber encontrado a un amigo como tú.

Gracias por ser mi amigo.

PEDRO CRUZ LÓPEZ

Bienaventurados los que tienen amigos, porque su cielo comienza en la tierra.

ANÓNIMO

El verdadero amigo jamás se interpone en tu camino, a menos que vayas cayendo cuesta abajo.

ARNOLD GLASOW

Amigo

Un día, cuando era estudiante de secundaria, vi a un compañero de mi clase caminando de regreso a casa. Se llamaba Kyle, iba cargando todos sus libros y pensé: ¿Por qué se estará llevando a su casa todos los libros el viernes? ¡Debe ser un *nerd*!

Yo ya tenía planes para todo el fin de semana: fiestas y un partido de futbol con mis amigos el sábado por la tarde, así que me encogí de hombros y seguí mi camino.

Mientras caminaba, vi a un montón de chicos que corrían hacia él; cuando lo alcanzaron le tiraron todos sus libros y le hicieron una zancadilla que lo tiró al suelo. Vi que sus anteojos volaron y cayeron al pasto como a tres metros de él. Miró hacia arriba y pude ver una tremenda tristeza en sus ojos. Mi corazón se estremeció, así que corrí hacia él mientras gateaba buscando sus anteojos. Vi lágrimas en sus ojos. Le acerqué a sus manos los anteojos y le dije: "¡esos chicos son unos tarados, no deberían hacer esto!" Me miró y me dijo: "¡Hola, gracias!"

Había una gran sonrisa en su cara; una de esas sonrisas que mostraban verdadera gratitud. Lo ayudé con sus libros; vivía cerca de mi casa y le pregunté por qué no lo había visto antes. Me contó que se acababa de cambiar de una escuela privada. Yo nunca había conocido a alguien que fuera a una escuela privada; caminamos hasta casa, lo ayudé con sus libros, parecía un buen chico.

Le pregunté si quería jugar futbol el sábado conmigo y mis amigos, y aceptó.

Estuvimos juntos todo el fin de semana. Mientras más conocía a Kyle, mejor nos caía, tanto a mí como a mis amigos. Llegó el lunes por la mañana y ahí estaba Kyle con aquella enorme pila de libros de nuevo. Me paré y le dije: "Hola, vas a tener buenos músculos si cargas todos estos libros todos los días". Se rió y me dio la mitad para que le ayudara. Durante los siguientes cuatro años, Kyle y yo nos convertimos en los mejores amigos.

Cuando ya estábamos por terminar la secundaria, Kyle
decidió ir a la universidad de Georgetown y yo iría
a Duke; sabía que siempre seríamos amigos, que la
distancia no sería un problema.

Él estudiaría medicina y yo administración, con una beca
de futbol. Kyle fue el orador de nuestra generación, yo
lo molestaba todo el tiempo diciéndole que era un *nerd*.
Llegó el gran día de la graduación. Él preparó el discurso;
yo estaba feliz de no ser el que tenía que hablar. Kyle
se veía realmente bien, era una de esas personas que
se había encontrado a sí misma durante la secundaria,
había mejorado en todos los aspectos y se veía bien con
sus anteojos, ¡Tenía más citas con chicas que yo y todas
lo adoraban! ¡Caramba! Algunas veces hasta me sentía
celoso... Hoy era uno de esos días.

Pude ver que él estaba nervioso por el discurso, así que
le di una palmadita en la espalda y le dije: "Vas a ver que
estarás genial, amigo". Me miró con una de esas miradas
(realmente de agradecimiento) y me sonrió.

"Gracias", me dijo, aclaró la garganta y comenzó su
discurso: "La graduación es un buen momento para
dar las gracias a todos aquellos que nos han ayudado a
través de estos años difíciles: tus padres, tus maestros, tus
hermanos, quizá algún entrenador... pero principalmente
tus amigos. Yo estoy aquí para decirles que ser amigo de
alguien es el mejor regalo que podemos dar y recibir y, a
propósito, les voy a contar una historia.

Yo miraba incrédulo a mi amigo, cuando comenzó a
contar la historia del primer día que nos conocimos.

Aquel fin de semana él tenía planeado suicidarse.
Habló de cómo limpió su armario y por qué llevaba todos
sus libros con él, para que su mamá no tuviera que ir
después a recogerlos a la escuela. Me miraba fijamente y
me sonreía.

"Afortunadamente, me salvaron. Mi amigo me salvó de
hacer algo irremediable."

Yo escuchaba con asombro cómo este chico, apuesto y popular, contaba a todos ese momento de debilidad. Sus padres también me miraban y me sonreían con esa misma sonrisa de gratitud. En ese momento me di cuenta de lo profundo de sus palabras: "Nunca subestimes el poder de tus acciones; con un pequeño gesto, puedes cambiar la vida de otra persona, para bien o para mal."

Dios nos pone a cada uno frente a la vida de otros, para impactarlos de alguna manera. "Mira a Dios en los demás."

ANÓNIMO

La relación entre dos buenos amigos es oro y se llama amistad. La comprensión, la compañía y el placer de tener amigos como tú es invaluable.

MARIO ORTEGA SÁNCHEZ

El mejor amigo es aquel con quien te puedes sentar en el patio y columpiarte con él, sin decir una palabra, y después irte sintiendo como si hubiera sido la mejor conversación que jamás tuviste.

ANÓNIMO

La verdadera amistad es como la buena salud, nadie sabe lo que vale hasta que la pierde.

CHARLES CALEB COLTON

Cosas que deseo para ti

Ésta es una lista de todo lo que deseo para ti:

Felicidad... muy dentro de ti.

Serenidad... en cada amanecer.

Éxito... en cada faceta de tu vida.

Amigos... muy cercanos y pendientes de ti.

Amor... que nunca termine.

Conocimiento... de la gracia y el amor de Dios.

Recuerdos especiales... de todo el ayer.

Un brillante hoy... en todo lo que hagas.

Un camino... que te lleve a un hermoso mañana.

Sueños... por los que te esfuerces para hacer realidad.

Y gratitud... por todas las cosas maravillosas.

ANÓNIMO

Amigo es aquel con quien puedes compartir información confidencial.

JORGE MELÉNDEZ

No camines delante de mí, puede que no te siga.
No camines detrás de mí, puede que no te guíe.
Camina junto a mí y sé mi amigo.

ALBERT CAMUS

Cómo recordar a los amigos

¿Saben en qué forma pueden recordar a sus amigos?

De los amigos recibimos cosas buenas y cosas malas, y cada una hay que recordarla de cierta manera.

Dice una linda leyenda árabe que dos amigos viajaban por el desierto y en un determinado punto del viaje discutieron.
El otro, ofendido, sin nada que decir, escribió en la arena:

"Hoy, mi mejor amigo me pegó una bofetada en el rostro".

Siguieron adelante y llegaron a un oasis donde resolvieron bañarse. El que había sido abofeteado y lastimado comenzó a ahogarse; su amigo lo salvó.

Al recuperarse, tomó un estilete y escribió en una piedra:

"Hoy, mi mejor amigo me salvó la vida".

Intrigado, el amigo preguntó:

—¿Por qué después que te lastimé, escribiste en la arena y ahora escribes en una piedra? Sonriendo, el otro amigo respondió:

—Cuando un gran amigo nos ofende, deberemos escribir en la arena, donde el viento del olvido y el perdón se encargarán de borrarlo y apagarlo. Por otro lado, cuando recibimos un gran favor de un amigo, deberemos grabarlo en la piedra de la memoria del corazón, donde ningún viento del mundo podrá borrarlo.

Anónimo

Si todos mis amigos fueran a saltar de un puente, yo no saltaría con ellos; yo estaría allí abajo para cacharlos.

Tim McGraw

AMISTAD

No puedo darte soluciones para todos los problemas de la vida, ni tengo respuestas para todas tus dudas o temores, pero puedo escucharte y buscarlas contigo.

No puedo cambiar tu pasado ni futuro, pero cuando me necesites estaré junto a ti.

No puedo evitar que tropieces, solamente puedo ofrecerte mi mano para que te sujetes y no caigas.

Tus alegrías, tus triunfos y tus logros son míos.

Pero disfruto sinceramente cuando te veo feliz; no juzgo las decisiones que tomas en la vida, me limito a apoyarte, a estimularte y ayudarte, si así me lo pides y si no, también.

Puedo trazarte límites dentro de los cuales debes actuar, pero te ofrezco el espacio necesario para crecer.

No puedo evitar tus sufrimientos cuando alguna pena te parte el corazón, pero puedo llorar contigo y recoger los pedazos para armarlo de nuevo.

No puedo decirte quién eres, ni quién deberías ser, solamente puedo quererte tal y como eres y ser sólo un amigo.

ANÓNIMO

No dejes que crezca la hierba sobre el camino que conduce a la casa de tus amigos.

ANÓNIMO

REFLEXIONES SOBRE LA AMISTAD

—¿Qué es lo que más te sorprende de los hombres? —le pregunté a Dios en entrevista exclusiva. Él me contestó:

Que se aburren de ser niños, apurados por crecer, y luego suspiran por ser niños. Que primero pierden la salud para tener dinero y, acto seguido, pierden el dinero para recuperar la salud.

Que por pensar ansiosamente en el futuro, descuidan su ahora, con lo que no viven el presente ni el futuro.

Que viven como si no fueran a morirse y se mueren como si no hubieran vivido. Y pensar que yo...

Con los ojos llenos de lágrimas y la voz entrecortada dejó de hablar. Sus manos tomaron fuertemente las mías y seguimos en silencio. Después de un largo tiempo le dije:

—¿Me dejas hacerte otra pregunta? —No me respondió con palabras, sino sólo con su tierna mirada.

Como padre, ¿qué es lo que les pedirías tú a tus hijos?

Que aprendan que no pueden hacer que alguien los ame. Lo que pueden hacer es dejarse amar. Que aprendan que toma años construir la confianza y sólo segundos destruirla.

Que lo más valioso no es lo que tienen en su vida, sino a quién tienen en su vida. Que rico no es el que más tiene, sino el que menos necesita.

Que bastan unos pocos segundos para producir heridas profundas en las personas que amamos y que pueden tardar muchos años en sanar.

Que aprendan que perdonar se aprende practicando.

Que aprendan que deben controlar sus actitudes o sus actitudes los controlarán y que no es bueno compararse con los demás; pues siempre habrá alguien mejor o peor que ellos.

Que hay gente que los quiere mucho, pero que simplemente no sabe cómo demostrarlo.

Que aprendan que el dinero lo compra todo menos la felicidad.

Que los grandes sueños no requieren de grandes alas, sino de un tren de aterrizaje para lograrlos.

Que los amigos de verdad son tan escasos, que quien ha encontrado uno ha encontrado un verdadero tesoro. A pesar de que piensen que no tienen nada más que dar, cuando un amigo llora con ellos, encuentran la fortaleza para vencer sus dolores.

Que no siempre es suficiente ser perdonado por otros, algunas veces deben perdonarse a sí mismos.

Que aprendan que son dueños de lo que callan y esclavos de lo que dicen y que, lo que siembran, cosechan; si siembran chismes, cosecharán intrigas. Si siembran amor, cosecharán felicidad.

Que aprendan que la verdadera felicidad no es lograr sus metas, sino aprender a ser feliz con lo que tienen. Y que la felicidad no es cuestión de suerte sino producto de sus decisiones. Ellos deciden ser felices con lo que son y tienen, o morir de envidia y celos por lo que les falta.

Que retener a la fuerza a las personas que aman las aleja más rápidamente de ellas o que, al dejarlas ir, las dejan para siempre a su lado. A pesar de que la palabra amor puede tener muchos significados, pierde valor cuando se usa en exceso.

Que nunca harán nada tan grande para que los ame más,
ni nada tan malo para que los ame menos. Simplemente,
los amo a pesar de su conducta.

Que aprendan que amar y querer no son sinónimos sino
antónimos, el querer lo exige todo, el amor lo entrega todo.

Que sin importar las consecuencias, aquellos que son
honestos consigo mismos, llegan lejos en la vida.

Que aprendan que la distancia más lejana es la distancia
de una simple oración.

Y así, en un encuentro profundo, tomados de la mano,
continuamos en silencio...

—¿Será posible que alguna vez aprendamos?

—Bueno sí... pero, *no es gratis.*

ATRIBUIDO A LA MADRE TERESA DE CALCUTA

La amistad...
Tienes que buscarla, pero no en tiendas.
Tienes que comprarla, pero no con dinero.
Tienes que guardarla, pero no en un banco.

Si la encuentras, considérate afortunado.
Y, si es una amistad verdadera,
¡nunca la dejes ir!

B.R. KELLY

Los buenos amigos son como el sol; aunque esté lejos, siempre brilla.

ANÓNIMO

La verdadera amistad

La verdadera amistad perdura más allá de cualquier diferencia religiosa, política o de cualquier tipo de controversia.

La verdadera amistad no sabe pedir perdón, porque no hay errores en la amistad; hay omisiones o faltas que se borran con el simple hecho de llamarte "amigo".

La verdadera amistad busca el momento en que requieres de su compañía y sabe exactamente cuándo prefieres la soledad.

La verdadera amistad nos lleva de la mano por una vida plena en aprendizaje, cultivado con amor.

La verdadera amistad no se acaba con la distancia, muy por el contrario, la distancia la refuerza en la añoranza.

Roger Patrón Luján

Amigo es quien remienda el ala rota de un ave y le enseña a volar de nuevo.

Anónimo

Los amigos son ángeles que nos llevan en sus brazos cuando nuestras alas tienen problemas para recordar cómo volar.

Mario Ortega Sánchez

PADRES E HIJOS

No les puedes decir a tus hijos que no fumen si tú fumas; que no beban si tú bebes, que se pongan el cinturón de seguridad si tú no te lo pones.

ROGER PATRÓN LUJÁN

¡Abrázalo muy fuerte!

"En vida, papá, quiero abrazarte y decirte que te quiero" es un bello concepto que deberíamos llevar a la práctica todos los hijos.

Sin embargo, muchas veces no lo hacemos y, al morir nuestro padre, hubiéramos querido haberlo hecho.

Yo soy papá, yo soy hijo y me hubiera gustado tanto decirle a mi padre, hoy muerto, cuánto lo quería y lo admiraba.

Haberle dado tantos abrazos que no le di y haber sostenido con él tantas pláticas, compartido risas y reflexiones que se quedaron guardadas. Hoy está muerto físicamente, pero muy vivo en mi mente y corazón. Recordarlo me hace sugerir algunas cosas para convivir con los papás cuando aún están vivos.

Ve en él al amigo que te escucha, te apoya y te aconseja en cualquier situación. Si acierta ¡felicítalo!, si se equivoca, invítalo a que reflexione, oblígalo si es necesario.

Convive con él, habla, disfruten lo que tienen en común. Invítalo a salir de vez en cuando, al futbol, al cine, a comer.
Dile que te sientes bien cuando te abraza y te dice *te quiero*, y que está orgulloso de ti, que te gusta que le diga a tu mamá *te amo*.

Regálale de vez en cuando algo pequeño, una tarjeta, una simple nota tuya, algo personal.

Dile cómo va tu vida: escuela, trabajo, amigos, novia, sueños y metas. Interésate por su vida, por sus cosas, por su trabajo, por sus logros, por sus sueños.

Dile que lo quieres... que lo amas,
que estás orgulloso de que sea tu padre y...
¡abrázalo muy fuerte!

Anónimo

EL MEJOR TÍTULO

Unos meses atrás, cuando recogía a los niños del colegio,
otra madre a la cual conocía bastante bien, se me acercó.
Estaba histérica y muy indignada.

¿Sabes lo que tú y yo somos? —me preguntó antes que
yo pudiera darle una respuesta. Parece que ella venía de
renovar su licencia de conducir en la oficina de tránsito
y cuando la oficial que tomaba los datos le preguntó cuál
era su ocupación, ella no supo qué responder.

Al percatarse de esto la oficial le dijo:

—A lo que me refiero es si trabaja usted o es
simplemente una...

—Claro que tengo un trabajo —le contestó— soy una
mamá. La oficial respondió:

—No ponemos mamá como opción, vamos a ponerle ama
de casa —fue la respuesta enfática de la oficial.

Había yo olvidado por completo la historia, hasta que un
día a mí me pasó exactamente lo mismo, sólo que esta
vez, en la oficina de la municipalidad. La funcionaria
era obviamente una mujer de carrera, eficiente, y tenía
un título muy despampanante que decía "Interrogadora
Oficial".

—¿Cuál es su ocupación? —me preguntó ella—.

¿Qué me hizo contestarle esto? ¡No lo sé! Las palabras
simplemente salieron de mi boca.

—Soy una Investigadora Asociada en el campo de
Desarrollo Infantil y Relaciones Humanas.

La funcionaria se detuvo. El bolígrafo quedó congelado
en el aire, y me miró como si no hubiese escuchado
bien. Repetí el título lentamente, poniendo énfasis en las
palabras más importantes.

Luego, observé asombrada cómo mi pomposo título quedaba escrito en tinta negra en el cuestionario oficial.

— ¿Me permite preguntarle...? — dijo la funcionaria, con un aire de interés— ¿qué es exactamente lo que hace usted en este campo de investigación?

Con una voz muy calmada y pausada, me escuché contestarle:

— Tengo un programa continuo de investigación (qué madre no lo tiene). Estoy trabajando para mi maestría (la familia completa) y ya tengo cuatro créditos (todas mis hijas). Por supuesto que el trabajo es uno de los que mayor demanda tiene en el campo de las humanidades (¿alguna madre está en desacuerdo?) y usualmente trabajo 14 horas diarias (en realidad son más, casi 24). Pero el trabajo tiene muchos más retos que cualquier trabajo sencillo, y las remuneraciones más que solamente económicas, también están ligadas al área de la satisfacción personal.

Se podía sentir una creciente nota de respeto en la voz de la funcionaria, mientras completaba su formulario. Una vez terminado el proceso, se levantó de la silla y personalmente me acompañó a la puerta. Al llegar a casa, emocionada por mi nueva carrera profesional, salieron a recibirme tres de mis asociadas del laboratorio, de 13, 7 y 3 años de edad.

Arriba podía yo escuchar a nuestro nuevo modelo experimental en el programa de desarrollo infantil (de 6 meses de edad), probando un nuevo programa de patrón en vocación. ¡Me sentí triunfante! ¡Le había ganado a la burocracia!

Había entrado en los registros oficiales como una persona más distinguida e indispensable para la humanidad que sólo una madre más.

La maternidad... ¡qué carrera más gloriosa!
Especialmente cuando tiene un título en la puerta.

Anónimo

ANTES DE QUE ELLOS CREZCAN...

Hay un periodo cuando los padres nos quedamos sin los hijos. Es que los niños crecen independientes de nosotros, como árboles murmurantes y pájaros imprudentes.

Crecen sin pedir permiso a la vida. Crecen con una estridencia alegre y, a veces, con alardeada arrogancia.

Pero no crecen todos los días, de igual manera, crecen de repente. Un día se sientan cerca de ti en la terraza y te dicen una frase con tal naturalidad que sientes que no puedes ponerle más pañales a aquella "criatura".

¿Dónde fue que anduvo creciendo aquella insignificancia que no lo percibiste? ¿Dónde quedaron el baldecito de jugar en la arena, las fiestecitas de cumpleaños con payasos, los juguetes preferidos?

El niño crece en un ritual de obediencia orgánica y desobediencia civil. Ahora estás allí, en la puerta de la discoteca, esperando que él/ella no sólo crezca, sino aparezca. Allí están muchos padres al volante, esperando que salgan zumbando sobre patines y cabellos largos y sueltos.

Allá están nuestros hijos, entre hamburguesas y gaseosas en las esquinas, con uniforme de su generación, e incómodas mochilas de moda en los hombros.

Allí estamos, con los cabellos casi blanquecinos. Ésos son los hijos que conseguimos generar y amar a pesar de los golpes de los vientos, de las cosechas, de las noticias y de la dictadura de las horas.

Ellos crecieron medio amaestrados, observando nuestros errores y aciertos. Principalmente con los errores que esperamos que no repitan. Hay un periodo en que los padres nos vamos quedando un poco huérfanos de los propios hijos... ya no los buscaremos más en las puertas de las discotecas y en las fiestas.

Pasó el tiempo del piano, el ballet, el inglés, la natación y el karate...

Salieron del asiento de atrás y pasaron al volante de su propia vida. Deberíamos haber ido más junto a su cama al anochecer, para oír su alma respirando conversaciones y confidencias entre las sábanas de la infancia y los adolescentes cubrecamas de aquellas piezas llenas de calcomanías, pósters, agendas coloridas y discos ensordecedores.

No los llevamos suficientemente al cine, a los juegos, no les dimos suficientes hamburguesas y bebidas, no les compramos todos los helados y la ropa que nos hubiera gustado comprarles.

Ellos crecieron sin que agotásemos con ellos todo nuestro afecto. Al principio íbamos al campo o a la playa entre discusiones, galletitas, congestionamiento, Navidades, pascuas, piscinas y amigos.

Sí, había peleas dentro del auto, la pelea por la ventana, los pedidos de chicles y reclamos sin fin.

Después llegó el tiempo en que viajar con los padres comenzó a ser un esfuerzo, un sufrimiento, pues era imposible dejar el grupo de amigos y primeros enamorados. Los padres exiliados de los hijos.

Teníamos la soledad que siempre deseamos, pero de repente, moríamos de nostalgia de aquellas pestes.

Llega el momento en que sólo nos resta quedar mirando desde lejos, rezando mucho para que escojan bien en la búsqueda de la felicidad y que la conquisten del modo más completo posible.

El secreto es esperar... En cualquier momento nos pueden dar nietos. El nieto es la hora del cariño ocioso y picardía no ejercida en los propios hijos y que no puede morir con nosotros.

Por eso, los abuelos son tan desmesurados y distribuyen tan incontrolable cariño. Los nietos son la última oportunidad de reeditar nuestro afecto.

Así es. Aprendemos a ser hijos después de que somos padres, sólo aprendemos a ser padres después de que somos abuelos... en fin... sólo aprendemos a vivir después que ya no tenemos más vida.

¿Los hijos crecen demasiado rápido o nosotros vamos demasiado rápido por la vida? Nos pasa que en un día los contemplamos y nos asombramos de la estatura de nuestros hijos... o los escuchamos hablar sin parar... y allí el recuerdo nos emociona.

Recordamos el primer día que los cobijamos en nuestros brazos, los primeros pasos, la primera palabra que dijeron así de improviso, la carita de sorpresa cuando se abrió la puerta del colegio el primer día de clases.

Tratamos de darles lo mejor, pero tal vez no nos dimos cuenta que ellos necesitaban algo más.

Entonces nos damos cuenta que lo que dimos no fue suficiente y los vemos partir llenos de emoción.

No esperemos ese momento, el momento es ahora... ¡Ya!, el mimo, la caricia, el abrazo, el beso, el diálogo... nos necesitan, a pesar de que en algunos momentos creemos que no, porque hay una etapa en que nos ven como seres anticuados o desactualizados.

Somos importantes para ellos, la calidad de lo que les damos es lo importante... nuestro tiempo, nuestra protección, nuestra compañía, nuestro consejo... nuestro amor.

Por eso es necesario hacer algunas cosas adicionales...

¡Antes de que ellos crezcan!

ANÓNIMO

MENSAJE DE UNA MADRE

Algún día, cuando mis hijos sean suficientemente grandes para entender la lógica que motiva a las madres, les diré:

Te amé lo suficiente como para preguntarte a dónde ibas, con quién, y a qué hora regresarías a casa.

Te amé lo suficiente como para insistir en que ahorraras dinero para comprarte una bicicleta aunque nosotros, tus padres, pudiéramos comprarte una.

Te amé lo suficiente como para callarme y dejarte descubrir que tu nuevo y mejor amigo era un patán.

Te amé lo suficiente como para fastidiarte y estar encima de ti durante dos horas, mientras arreglabas tu cuarto, un trabajo que me hubiese tomado a mí sólo 15 minutos.

Te amé lo suficiente como para dejarte ver mi ira, desilusión y lágrimas en mis ojos. Los hijos también deben entender que no somos perfectas.

Te amé lo suficiente como para dejar que asumieras la responsabilidad de tus acciones, aunque los castigos eran tan duros que rompían mi corazón.

Pero, sobre todo, te amé lo suficiente como para decirte que NO cuando sabía que me ibas a odiar por ello. Ésas fueron las batallas más difíciles para mí. Pero estoy contenta por haberlas ganado porque, al final, también las ganaste tú.

Y algún día, cuando tus hijos sean suficientemente grandes para entender la lógica que motiva a los padres, tu les dirás:

Te amé lo suficiente como para hacer todo lo que hice por ti.

Anónimo

A MIS QUERIDOS HIJOS

Al levantarte, tiende tu cama.
Con la limpieza, coopera.
Aprende a lavar tu ropa sucia.

Cuando uses la cocina, límpiala.
Cuando quieras llegar tarde, avísame.
Cuando quieran que te enojes, mejor no hagas caso.

Si te ayudan, agradece.
Si te dan un regalo, corresponde.
Si te dan un beso con cariño, dalo tú.

Cuando saques algo, guárdalo.
Cuando pidas algo prestado, regrésalo.
Cuando necesites un consejo, pídemelo.

Si te necesita un ser querido, no dudes en estar con él.
Si te enfermas, déjate apapachar.
Si ensucias, limpia.

Si algo no te gusta, dilo.
Si quieres mi opinión, pregúntame.
Si quieres ser feliz, aprende a compartir.

Cuando alguien esté triste, hazlo reír.
Cuando algo te preocupe, mejor ocúpate.
Cuando te digan que está mal, acéptalo.
Cuando veas tele no exageres,
y aprende a elegir programas.

Es mejor no hablar cuando no tienes algo bueno que decir.
Los niños sanos no se angustian, aprende a ser como ellos.
El tiempo que te regalen, considéralo precioso.
Oye la mejor música que sea de tu agrado.

Respeta a todo aquel que te respete a ti.
Nunca juzgues a nadie sin tener conocimiento.
Nunca pierdas la esperanza, ten fe en ti mismo.

Mejor mide tu gentileza, hay quienes abusan de ella.
Agradece todos los regalos, hasta los que no te gusten.
Un abrazo vale mucho... demuéstralo.

A tus amigos, consérvalos.
Cuando te den cariño, ofrécelo tú.
Cuando te digo que te quiero, créelo y sonríe.

Anónimo

Algunas veces te pasan cosas que parecen horribles, dolorosas e injustas. Pero en realidad entiendes que si no hubieras superado estas cosas, nunca habrías realizado tu potencial, tu esfuerzo o el poder de tu corazón. Todo pasa por una razón en la vida.

Anónimo

Prefiero que mis hijos caminen con la cabeza alta que con la cartera llena.

Carlos Loperena Santacruz

El que te enseña por un día es tu padre por toda la vida.

Anónimo

Procura ser puntual; he observado que los defectos de una persona que tarda se reflejan vivamente en la memoria de quien espera.

Nicolás Boileau

El retrato de mi hijo

Un hombre rico y su hijo tenían gran pasión por el arte.
Tenían de todo en su colección: desde Picasso hasta
Rafael.
Muy a menudo, se sentaban juntos admirar las grandes
obras de arte. Desgraciadamente, el hijo fue a la guerra.

Fue muy valiente y murió en la batalla mientras rescataba
a otros soldados. El padre recibió la noticia y sufrió
profundamente la muerte de su único hijo.

Un mes más tarde, justo antes de la Navidad, alguien
tocó a la puerta. Un joven con un gran paquete en sus
manos dijo al padre: Señor, usted no me conoce, pero
yo soy el soldado por quien su hijo dio la vida. Él salvo
muchas vidas ese día, me estaba llevando a un lugar
seguro cuando una bala le atravesó el pecho, muriendo
instantáneamente.

Él hablaba muy a menudo de usted y de su amor por el
arte. El muchacho extendió los brazos para entregar el
paquete: "Yo sé que esto no es mucho. Yo no soy un gran
artista, pero creo que a su hijo le hubiera gustado que
usted recibiera esto."

El padre abrió el paquete. Era un retrato de su hijo,
pintado por el joven soldado. Él contempló con profunda
admiración la manera en que el soldado había captado la
personalidad de su hijo en la pintura.

El padre estaba tan atraído por la expresión de los ojos de
su hijo que los suyos propios se arrasaron de lagrimas.
Le agradeció al joven soldado y ofreció pagarle por el
cuadro. "Oh no, señor, yo nunca podría pagarle lo que su
hijo hizo por mí. Es un regalo."

El padre colgó el retrato arriba de la repisa de su
chimenea.
Cada vez que los visitantes e invitados llegaban a su casa,
les mostraba el retrato de su hijo antes de mostrar su
famosa galería. El hombre murió unos meses más tarde y
se anunció una subasta con todas las pinturas que poseía.

Mucha gente importante acudió con grandes expectativas de hacerse de un famoso cuadro de la colección. Sobre la plataforma estaba el retrato del hijo. El subastador golpeó su mazo para dar inicio a la subasta "Empezaremos los remates con este retrato del hijo. "¿Quién ofrece por este retrato?"

Hubo un gran silencio. Entonces una voz del fondo de la habitación gritó:

"Queremos ver las pinturas famosas, olvídese de ésa." Sin embargo el subastador persistió. "¿Alguien ofrece algo por esta pintura? El hijo, el hijo. ¿Quién se lleva el retrato del hijo?"

Finalmente una voz se oyó desde atrás; era el viejo jardinero del padre y del hijo. Siendo un hombre muy pobre, sólo podía ofrecer diez dólares. "Tenemos diez dólares ¿Quién da veinte?", gritó el subastador. La multitud se estaba enojando.

No querían la pintura del hijo. Querían las que representaban una valiosa inversión para sus propias colecciones.

El subastador golpeó por fin el mazo: Va una, van dos, vendida por diez dólares.

Empecemos con la colección, gritó uno.

El subastador soltó su mazo y dijo: Lo siento mucho, damas y caballeros, pero la subasta llegó a su fin. Pero, ¿y las pinturas?, dijeron los interesados. Lo siento, contestó el subastador. Cuando me llamaron para conducir esta subasta, se me dijo de un secreto estipulado en el testamento del dueño. Yo no tenía permitido revelar esa estipulación hasta este preciso momento.

Solamente se subastaría el retrato del hijo. Aquel que la aceptara heredaría absolutamente todas las posesiones de este hombre, incluyendo las pinturas famosas. El hombre que aceptó quedarse con ese cuadro se queda con todo.

ANÓNIMO

EL ÁRBOL DE MANZANAS

Hace mucho tiempo existía un enorme árbol de
manzanas.
Un pequeño niño lo amaba mucho y todos los días jugaba
alrededor de él. Trepaba al árbol hasta la punta y él le
daba sombra. Él amaba al árbol y el árbol amaba al niño.

Pasó el tiempo y el pequeño creció y nunca más volvió
a jugar alrededor del enorme árbol. Un día el muchacho
regresó al árbol y escuchó que le dijo triste:

—¿Vienes a jugar conmigo? —pero el muchacho contestó:

—Ya no soy el niño de antes que jugaba alrededor de
enormes árboles. Lo que ahora quiero son juguetes y
necesito dinero para comprarlos.

—Lo siento —dijo el árbol— pero no tengo dinero.
Te sugiero que tomes todas mis manzanas y las vendas.
De esta manera, tú obtendrás el dinero para tus juguetes.

El muchacho se sintió muy feliz. Tomó todas las
manzanas y obtuvo el dinero y el árbol volvió a ser feliz.
Pero el muchacho nunca volvió después de obtener el
dinero y el árbol volvió a estar triste.

Tiempo después, el muchacho regresó y el árbol se puso
feliz y le preguntó:

—¿Vienes a jugar conmigo?

—No tengo tiempo para jugar. Debo de trabajar para mi
familia. Necesito una casa para compartir con mi esposa e
hijos. ¿Puedes ayudarme?...

—Lo siento, pero no tengo una casa, pero... tú puedes
cortar mis ramas y construir tu casa.

El joven cortó todas las ramas del árbol y esto hizo feliz
nuevamente al árbol, pero el joven nunca más volvió
desde esa vez y el árbol volvió a estar triste y solitario.

Cierto día de un cálido verano, el hombre regresó y el árbol estaba encantado.

—¿Vienes a jugar conmigo? —preguntó el árbol.

El hombre contestó:

—Estoy triste y volviéndome viejo. Quiero un bote para navegar y descansar. ¿Puedes darme uno?

El árbol contestó:

—Usa mi tronco para que puedas construir uno y así puedas navegar y ser feliz. El hombre cortó el tronco y construyó su bote.
Luego se fue a navegar por un largo tiempo.

Finalmente regresó después de muchos años y el árbol le dijo:

—Lo siento mucho, pero ya no tengo nada que darte, ni siquiera manzanas.

El hombre replicó:

—No tengo dientes para morder, ni fuerza para escalar... ahora ya estoy viejo.

Entonces el árbol, con lágrimas en los ojos, le dijo:

—Realmente no puedo darte nada... la única cosa que me queda son mis raíces muertas.

Y el hombre contestó:

—Yo no necesito mucho ahora, sólo un lugar para descansar. Estoy cansado después de tantos años.

—Bueno, las viejas raíces de un árbol son el mejor lugar para recostarse y descansar. Ven, siéntate conmigo y descansa.

El hombre se sentó junto al árbol y éste, feliz y contento, sonrió con lágrimas. Ésta puede ser la historia de cada uno de nosotros.

El árbol son nuestros padres.

Cuando somos niños, los amamos y jugamos con papá y mamá... cuando crecemos los dejamos... sólo regresamos a ellos cuando los necesitamos o estamos en problemas... no importa lo que sea, ellos siempre están allí para darnos todo lo que puedan y hacernos felices.

Tú puedes pensar que el muchacho es cruel con el árbol, pero es así como nosotros tratamos a nuestros padres.

Valoremos a nuestros padres mientras los tengamos a nuestro lado y, si ya no están, que la llama de su amor viva por siempre en tu corazón, y su recuerdo te dé fuerza cuando estés cansado.

No te preocupes porque tus hijos no te escuchen, preocúpate porque te observen todo el día.

ANÓNIMO

La naturaleza, según las condiciones de que disponga y en tanto que sea posible, siempre hace las cosas más bellas y mejores.

ARISTÓTELES

Ningún éxito en la vida puede compensar el fracaso en el hogar.

ANÓNIMO

Oración de los papás

Señor, enséñame a entender a mis hijos para poner atención pacientemente a lo que me tienen que decir; responder a todas sus preguntas: resolver todas sus dudas.

No me dejes contradecirlos ni interrumpirlos. Haz que sea yo tan cortés como ellos, como me gustaría también que sean conmigo. Ayúdame a que nunca me ría de sus errores o los ridiculice cuando crea que no me siento satisfecho con lo que hacen.

Haz que nunca los castigue por mi satisfacción egoísta o nada más por demostrarles mi fuerza; no me dejes inducir a mi criatura a robar o mentir... y guíame de hora en hora para que pueda demostrar con todo lo que diga o haga que la honradez causa felicidad.

Reduce la crueldad y el egoísmo que llevo en mi sangre, y cuando yo pierda la cabeza, corta mi lengua para que no ofenda a nadie.

Que siempre tenga yo en mi mente que mis niños son niños y que no debo esperar de ellos el buen juicio de los adultos.

No me dejes robarles la oportunidad de hallar su felicidad y de hacer sus propias decisiones. Dame la grandeza de concederles lo que me pidan si es razonable, y el valor para negarles los privilegios que sepa yo que les harían daño.

Hazme justiciero, bondadoso y digno.

¡Oh, Señor!

Tú eres el ser más bondadoso y amado, haz que mis hijos te imiten en todo.

ANÓNIMO

HOMBRE Y MUJER

La felicidad nos espera en algún lugar.
No sabemos dónde, pero sí podemos prepararnos y
elegir a quien será nuestra compañera en ese andar.

Así, cuando lleguen algunas desdichas, serán
soportables gracias a esa comunión de los dos.

ROGER PATRÓN LUJÁN

LA FÓRMULA PERFECTA

Muchos son los que se acercan a nosotros, a preguntarnos cuál ha sido la base para conservar una familia como la nuestra, unos hijos y nietos como los que tenemos.

Nosotros no podemos compartir con ustedes todos los momentos y experiencias que han forjado esta familia. Lo que sí me gustaría compartir con ustedes es lo siguiente:

En nuestra familia —como en la mayoría— hemos tenido todo tipo de experiencias, accidentes de los niños, sarampión, "dolores" de adolescente o rebeldía del que no quería estudiar, las dudas al casarse, emociones del nacimiento de un hijo...

Todo lo hemos compartido y lo hemos gozado con nuestros hijos, nuestras hijas, nuestros yernos, nueras y nietos. Lo principal para nosotros fue el hecho de guiarles por el camino que eligieron y, si sentimos que no era el correcto, siempre tratamos de apoyarles y encaminarles para que vislumbraran los pros y contras de sus elecciones, poniéndolos en una balanza.

Compartimos sus decepciones amorosas y, algo que siempre les enseñamos, fue a levantarse con más entusiasmo:

"Agradece que lo conociste, agradece los momentos vividos, agradece que ya terminó, porque seguramente encontrarás algo mejor en tu camino."

Eso es lo importante, agradecer las experiencias vividas, tomar lo mejor de cada una y seguir adelante, siempre esperando encontrar nuevos motivos para vivir y siempre compartiendo con tu familia.

No hay fórmulas para ser buenos padres, lo que hay son sentimientos y convicciones, y amor, mucho amor.

ROGER PATRÓN LUJÁN

EL BAMBÚ JAPONÉS

No hay que ser agricultor para saber que una buena cosecha requiere de buena semilla, buen abono y riego constante.

También es obvio que quien cultiva la tierra no se para impaciente frente a la semilla sembrada y grita con todas sus fuerzas: "¡Crece, maldita seas!"

Hay algo muy curioso que sucede con el bambú japonés y que lo transforma en no apto para impacientes: Siembras la semilla, la abonas, y te ocupas de regarla constantemente.

Durante los primeros meses no sucede nada apreciable.

En realidad, no pasa nada con la semilla durante los primeros siete años, a tal punto que un cultivador inexperto estaría convencido de haber comprado semillas infértiles.

Sin embargo, durante el séptimo año, en un periodo de sólo seis semanas la planta de bambú crece ¡más de 30 metros!

¿Tardó sólo seis semanas en crecer?

No. La verdad es que le tomó siete años y seis semanas desarrollarse.

Durante los primeros siete años de aparente inactividad, este bambú estaba generando un complejo sistema de raíces que le permitirían sostener el crecimiento que iba a tener después de siete años.

Sin embargo, en la vida cotidiana, muchas personas tratan de encontrar soluciones rápidas, triunfos apresurados sin entender que el éxito es simplemente resultado del crecimiento interno y que éste requiere tiempo.

Quizás por la misma impaciencia, muchos de aquellos que aspiran a resultados en el corto plazo, abandonan todo súbitamente, justo cuando ya estaban a punto de conquistar la meta.

Es tarea difícil convencer al impaciente de que sólo llegan al éxito aquellos que luchan con perseverancia y saben esperar el momento adecuado.

De igual manera es necesario entender que en muchas ocasiones estaremos frente a situaciones en las que creemos que nada está ocurriendo. Y esto puede ser extremadamente frustrante.

En esos momentos —que todos tenemos— vale la pena recordar el ciclo de maduración del bambú japonés y aceptar que, en tanto no bajemos los brazos, ni abandonemos por no ver el resultado que esperamos, sí está sucediendo algo dentro de nosotros: estamos creciendo, madurando.

Quienes no se dan por vencidos, van gradual e imperceptiblemente
creando los hábitos y el temple que les permitirá sostener el éxito cuando éste al fin se materialice.

El triunfo no es más que un proceso que lleva tiempo y dedicación.

Un proceso que exige aprender nuevos hábitos y nos obliga a descartar otros. Un proceso que exige cambios, acción y formidables dotes de paciencia.

ANÓNIMO

Lo más grande que un hombre puede hacer por sus hijos es amar a la madre de sus hijos.

THEODORE HESBURGH

LA OTRA MUJER...

Mi mujer insistía en que visitara a otra mujer.

—Te amo —le dije.

—Lo sé. Pero también la amas a ella.

La otra mujer, a quien mi esposa quería que yo visitara, era mi madre, quien era viuda desde hacía diecinueve años, pero las exigencias de mi trabajo y mis tres hijos hacían que sólo la visitara ocasionalmente. Esa noche la llamé para invitarla a cenar y al cine.

—¿Qué te ocurre?, ¿estás bien? —me preguntó mi madre. Es el tipo de mujer que una llamada tarde en la noche, o una invitación sorpresiva es indicio de malas noticias.

—Creí que sería agradable pasar algún tiempo contigo —le respondí— los dos solos. Reflexionó sobre ello un momento.

—Me agradaría muchísimo —dijo.
Advertí que ella también estaba muy emocionada con nuestra cita. Me esperaba en la puerta con su abrigo puesto, se había rizado el cabello y usaba el vestido con que celebró su último aniversario de boda. Su rostro sonreía e irradiaba luz como un ángel.

—Les dije a mis amigas que iba a salir con mi hijo, y se mostraron muy impresionadas —me comentó mientras subía a mi auto—. No pueden esperar a mañana para escuchar acerca de nuestra velada.

Fuimos a un restaurante no muy elegante pero sí acogedor, mi madre se aferró a mi brazo como si fuera la primera dama.

Cuando nos sentamos, tuve que leerle el menú. Sus ojos sólo veían grandes figuras.

Cuando iba por la mitad de las entradas, levanté la vista.

Mamá estaba sentada al otro lado de la mesa y me miraba.

Una sonrisa nostálgica se le delineaba en los labios.

—Era yo quien leía el menú cuando eras pequeño —me dijo.

—Entonces es hora de que te relajes y me permitas devolverte el favor —respondí.

Durante la cena tuvimos una agradable conversación; nada extraordinario, sólo ponernos al día con la vida del otro. Hablamos tanto que nos perdimos el postre.

—Saldré contigo otra vez, pero sólo si me dejas invitar —dijo mi madre cuando la llevé a casa. Asentí.

—¿Cómo estuvo tu cita? —quiso saber mi esposa cuando llegué aquella noche.

—Muy agradable... mucho más de lo que imaginé —contesté.

Días más tarde, mi madre murió de un infarto. Todo fue tan rápido, no pude hacer nada. Al poco tiempo recibí un sobre con copia de un cheque del restaurante donde habíamos cenado mi madre y yo, y una nota que decía:

Nuestra próxima cena la pago por anticipado. Estoy casi segura de que no podré estar allí, pero igual pago dos platos, uno para ti y el otro para tu esposa. Jamás podrás entender lo que aquella noche significó para mí. Te amo.

En ese momento comprendí la importancia de decir a tiempo: "Te amo" y de darles a nuestros seres queridos el espacio que se merecen. Nada en la vida será más importante que Dios y tu familia; dales tiempo, porque ellos no pueden esperar.

ANÓNIMO

Si quieres que te quieran, quiere.

JOAQUÍN VARGAS GÓMEZ

ARROJANDO ESTRELLAS AL MAR

Aiseley era una persona muy especial ya que combinaba el arte con la ciencia. Era científico y poeta y a partir de esas dos perspectivas escribió con profundidad y belleza acerca del mundo y de nuestra participación en él.

Aiseley solía ir a la playa a escribir. Tenía la costumbre de caminar en la playa antes de comenzar su trabajo.

Un día, mientras caminaba junto al mar, observó un figura humana en la playa que se movía como un bailarín; sonrió al pensar en alguien bailando para celebrar el día. Apresuró el paso, se acercó y vio que se trataba de un joven que no bailaba sino se agachaba para recoger algo y suavemente lanzarlo al mar.

A medida que se acercaba saludó:

—¡Buen día! ¿qué está haciendo? El joven hizo una pausa, se dio vuelta y respondió:

—Arrojo estrellas de mar al océano.

—Supongo que debería preguntar por qué arroja estrellas de mar al océano.

—Hay sol y la marea está bajando. Si no las arrojo al mar, morirán.

—¡Pero joven!, ¿no se da cuenta de que hay kilómetros y kilómetros de playa y miles de estrellas de mar? ¿Realmente piensa que su esfuerzo tiene sentido?

El joven lo escuchó respetuosamente, luego se agachó, recogió otra estrella de mar y la arrojó al agua más allá de las olas.

—¡Para aquélla tuvo sentido!

La respuesta sorprendió al hombre.

Se sintió molesto, no supo qué contestar, por lo que dio media vuelta y regresó a la cabaña a escribir. Durante todo el día, mientras escribía, la imagen del joven, lo persiguió. Intentó ignorarlo, pero la imagen persistía.

Finalmente, al caer la tarde se dio cuenta de que a él, el científico, a él, el poeta, se le había escapado la naturaleza esencial de la acción del joven. Se dio cuenta de que el joven había elegido no ser un mero observador en el universo y dejar simplemente que todo pasara ante sus ojos. Elegía participar activamente y dejar su huella en él. Se sintió avergonzado.

Esa noche se fue a dormir preocupado. A la mañana siguiente despertó sabiendo que debía hacer algo. Se levantó, se vistió, fue a la playa y encontró al joven y junto a él pasó el resto de la mañana arrojando estrellas de mar al océano.

Las acciones del joven ejemplifican algo especial en todos y cada uno de nosotros. Todos tenemos la capacidad de contribuir en algo al universo y si, como ese muchacho, descubrimos ese don, lograremos, con la fuerza de nuestra visión, definir nuestro destino.

Éste es tu desafío y es mi desafío, cada uno debe encontrar su estrella de mar, y si arrojamos nuestras estrellas bien y sabiamente, no dudo que el siglo XXI será un lugar maravilloso.

Una visión del futuro sin acción es simplemente un sueño. Una acción sin visión de futuro carece de sentido. Una visión del futuro puesta en práctica puede cambiar el mundo.

JOEL ARTHUR BARKER

El orgullo divide a los hombres, la humildad los une.

SÓCRATES

PARAR LA VIDA

Ayer no hice nada. Era miércoles y mis miércoles son
sagrados. Hace ya 15 años que es así. Pero la paz que
disfruto, el sol, el diálogo con mi mujer, el asado con
amigos, la lectura seleccionada, el paseo por el río, o
simplemente el ocio que saboreo despacio, como si lo
hubiera robado a la semana, no es tal, es sólo un cambio.

Muchas veces lo pensé, nunca pude concretarlo. Soñar
con una paz que no tengo. En esas divagaciones estaba en
mi día libre en la semana, cuando cayeron a mis manos
dos artículos que hablaban de lo mismo.

El lujo del futuro no consistirá, como en el pasado,
en atesorar y exigir objetos superfluos. Los nuevos
privilegiados serán quienes puedan disfrutar de bienes
básicos pero que abundan, como tiempo, espacio,
tranquilidad, entorno saludable, seguridad y libertad.

Sin duda, el elemento más importante del nuevo lujo será
el *tiempo*, es decir, la *libertad* con que pueda ser usado.

Paradójicamente hoy las elites son las menos libres
para disfrutar de su tiempo. Prisioneros de sus agendas
electrónicas, ahora hasta sufren la esclavitud de estar
siempre localizables.

La desaceleración o despreocupación es un estilo de
vida que consiste en renunciar a parte de sus ingresos y
disminuir el trabajo para vivir con menos medios, pero sin
el permanente apremio por el tiempo y con posibilidad de
disfrutar lo que uno hace y también lo que uno no hace.

Cada vez más profesionistas, en lo mejor de su vida y
su carrera, renuncian al éxito, al dinero y a los ascensos
para ser dueños de su tiempo, para asumir no sólo la
responsabilidad laboral sino también la gratificante
actividad de fomentar la relación familiar, la amistad, la
lectura o sencillamente disfrutar del ocio.

Para algunos expertos, la tecnología acelera el ritmo de la vida hasta límites insoportables, causando impaciencia y ansiedad crónicas.

Las computadoras aumentan la exigencia de la velocidad. Sí, hasta se cambian, comprando nuevas para ahorrar segundos, ¡segundos! Con lo lindo que es descubrir que pasan las horas en un diálogo importante o intrascendente, mirando el rostro de alguien que uno quiere, regalarle el tiempo a un amigo, escuchar a un hijo, o caminar despacio, al ritmo de un nieto.

Para bajar las revoluciones, los partidarios de la desaceleración aconsejan reducir el estrés al mínimo posible y no llevar reloj si no es estrictamente necesario.

No programar obsesivamente cada momento del día, prestar atención a las personas que están a nuestro lado, y sobre todo conducir, caminar, hablar, comer y hacer el amor más lentamente.

Y dicen que son más felices.

IGNACIO DI BARTOLO

Lo bien hecho es mejor que lo bien dicho.

ANÓNIMO

Casarse es fácil, permanecer casado más difícil.
Pero conservar un matrimonio feliz durante toda la vida
debería contarse entre las Bellas Artes.

ANÓNIMO

LA CREACIÓN DEL HOMBRE
Y LA MUJER

Como el Señor iba a hacer la obra más hermosa de la creación, se preparó para practicar.

Hizo las flores, hizo las estrellas, hizo el amanecer y los crepúsculos, hizo el rumor del viento entre las frondas, hizo las aves de mil colores y variados cantos.

Y sólo entonces, cuando sintió que tenía ya las manos diestras en formar obras bellas, hizo la más bella creación, es decir hizo a las madres.

Adán se conmovió ante la belleza que en las madres hay, y dijo a Dios:

—Señor, acabas de dar vida a tu obra más perfecta. Al hacer a las madres, creaste lo más hermoso, lo más dulce, lo más suave, lo más tierno, lo más amoroso que en el mundo puede haber.

—Y eso no es nada —respondió el Señor.

¡Espérate a que haga a las abuelas!

ANÓNIMO

No debemos perder la fe en la humanidad, porque es como el océano: no se ensucia porque algunas de sus gotas estén sucias.

MAHATMA GANDHI

Día a día

La vida nos enseña que no tienes que ser esposa o esposo, padre o madre para ser feliz. La felicidad no te la da una profesión o un estado social.

Revisa qué es lo que más disfrutas en la vida y hazlo, ya sea viajar, aprender idiomas, hacer labores sociales o estudiar economía.

La felicidad es un cúmulo de momentos, experiencias y vivencias que recibes día a día y que no esperabas.

¡Disfrútalos!

ROGER PATRÓN LUJÁN

Si elegimos sentirnos bien, todos los días nos sobrarán motivos para sentirnos bien; si elegimos sentirnos mal, todos los días nos sobrarán razones para sentirnos mal.

¡Pensémoslo!

Y tal vez descubramos que lo importante y decisivo no es lo que pasa fuera de nosotros sino que lo que hacemos suceda dentro de nosotros. No son los otros, las cosas o los acontecimientos los que nos hacen sentir mal, sino nuestro modo de vivir frente a todo.

ANÓNIMO

119

Una mujer

Una mujer fuerte, o ¿una mujer de fortaleza?

Una mujer fuerte hace ejercicio todos los días para mantener su cuerpo en forma... mientras que una mujer de fortaleza se arrodilla a orar, para mantener su alma en forma.

Una mujer fuerte no teme a nada... mientras que una mujer de fortaleza demuestra valor en medio de su temor.

Una mujer fuerte a nadie permite que le quite lo mejor de ella... mientras que una mujer de fortaleza da lo mejor de sí a todos.

Una mujer fuerte comete errores y los evita en el futuro... mientras que una mujer de fortaleza se da cuenta que los errores en la vida también pueden ser bendiciones de Dios, y aprende de ellos.

Una mujer fuerte camina con pasos seguros.... mientras que una mujer de fortaleza sabe que Dios la ayudará si cae.

Una mujer fuerte muestra en su rostro una expresión de confianza... mientras que una mujer de fortaleza muestra una expresión de gracia.

Una mujer fuerte tiene fe en que tiene fuerza suficiente para el viaje... una mujer de fortaleza tiene fe en que el viaje la hará más fuerte.

ANÓNIMO

En los divorcios no hay vencedores, sólo hay vencidos.
En las reconciliaciones, sólo hay vencedores.

CARLOS LOPERENA SANTACRUZ

LA VERDADERA BELLEZA

Era tremendamente feo y desgarbado. En el anuario de la secundaria apareció su retrato con este comentario:

Cuando mira el reloj no sólo se detienen las
manecillas: empiezan a girar en dirección contraria.

Era muy nervioso. Tenía las más altas calificaciones de su grupo, pero al representar a su escuela en un concurso de ortografía quedó eliminado en la primera ronda porque se equivocó al deletrear una sencilla palabra de cinco letras.

Batallaba para expresar sus ideas.

El profesor de literatura le encargó que escribiera
un relato, y después de leerlo se lo entregó con un
comentario:
Esto es una porquería.

Hablo de Isaac Asimov, uno de los escritores de más éxito en el mundo. Escribió cerca de trescientos libros, cuyas regalías lo han hecho multimillonario.

Cuando habla con adolescentes les dice esto:

No se preocupen si se sienten feos y son tímidos.
Valemos por lo que llevamos dentro.
Pongan algo de su interior y eso los hará ser lo que quieren
ser.

ARMANDO FUENTES AGUIRRE

Hay momentos en la vida en los que extrañas tanto a alguien,
que quisieras sacarle de tus sueños y abrazarle.

ANÓNIMO

RIQUEZA

El placer de cada día radica en sus amaneceres,
si puedes disfrutar de ellos eres más rico de lo
que crees.

Si no tienes sentido del humor y te falta repartir
al menos una sonrisa al día, eres más pobre
de lo que crees.

ROGER PATRÓN LUJÁN

Máxima calificación

Cuando vas a la escuela te preguntas qué calificación obtendrás al final del periodo escolar. Tu profesor podrá decirte que de entrada, ya tienes un diez, te has ganado la máxima calificación por el sólo hecho de estar en el salón de clases. Conservar ese diez durante todo el periodo, ésa será tu única tarea.

Con decisión, empeño e interés, con responsabilidad y compromiso, con voluntad de crecer y con mucho entusiasmo, así podrás conservar esa calificación máxima en toda materia estudiada en tu escuela, no importa el tipo de materia.

Lo mismo pasa con tu vida, al nacer tienes la máxima calificación y conservarla sólo dependerá de ti.

Si tú cuidas tu organismo con una alimentación balanceada, ejercicio, mente positiva, sin vicios y sin descuidos, proporcionando la cantidad de tiempo exacta para el descanso como para el trabajo, para la convivencia como para las responsabilidades, así es como podrás conservar tu organismo al cien por ciento de su capacidad, alimentación del alma, del cuerpo y del espíritu.

Tu certificado de excelencia lo obtendrás cuando, al pasar los años, puedas vivir una vida de calidad excepcional y no una vida de reparaciones y balanceo.

Cuida tu organismo y mantén esa calificación de excelencia.

ROGER PATRÓN LUJÁN

¿Qué es el éxito?

El éxito no siempre tiene que ver con lo que mucha gente ordinariamente se imagina.

No se debe a los títulos que tienes, sean de nobleza o académicos, ni a la sangre heredada o a la escuela donde estudiaste.

No se trata de si eres jefe o subordinado, si escalaste la siguiente posición de tu organización o estás en la ignorada base de la misma. No se trata de si eres miembro prominente de clubes sociales o si sales en las páginas de los periódicos.

No tiene que ver con el poder que ejerces o si eres un buen administrador, si hablas bonito, si las luces te siguen cuando lo haces.

No es la tecnología que empleas, por brillante y avanzada que ésta sea.

No se debe a la ropa que usas o si gozas de un tiempo compartido, si vas con regularidad a la frontera o si después de tu nombre pones las siglas deslumbrantes que definen tu estatus para el espejo social.

No se trata de si eres emprendedor, hablas varios idiomas, si eres atractivo, joven o viejo.

El éxito…

Se debe a cuánta gente te sonríe, a cuánta gente amas y a cuántos admiran tu sinceridad y la sencillez de tu espíritu.

Se trata de si en tus triunfos incluiste siempre tus sueños.
Se trata de si te recuerdan cuando te vas.

Se refiere a cuánta gente ayudas, a cuánta evitas dañar y si guardas o no rencor en tu corazón.

Si no fincaste tu éxito en la desdicha ajena y si tus logros no hieren a tus semejantes.

Es acerca de tu inclusión con los otros, no de tu control sobre los demás; de tu apertura hacia todos los demás y no de tu simulación para con ellos.

Es sobre si usaste tu cabeza tanto como tu corazón; si fuiste egoísta o generoso, si amaste a la naturaleza y a los niños y te preocupaste por los ancianos.

Es acerca de tu bondad, tu deseo de servir, tu capacidad de escuchar y tu valor sobre la conducta ajena.

No es acerca de cuántos te siguen, sino de cuántos realmente te aman.

No es acerca de transmitir todo, sino cuántos te creen, de si eres feliz o finges estarlo.

Se trata del equilibrio, de la justicia, del bien ser que conduce al bien tener y al bien estar.

El éxito...
Se trata de tu conciencia tranquila, tu dignidad invicta y tu deseo de ser más, no de tener más.

Anónimo

Las flores que crecerán mañana, son las semillas que sembramos hoy.

Anónimo

Hasta respirar fue un reto

Teniendo cinco años de edad, a Mario le paralizó todo su cuerpo la poliomielitis, incluyendo las vías respiratorias.

Le significó vivir dentro de un pulmón de acero durante un año. Después, vivió 42 años más, respirando a través de un aparato de presión positiva, día y noche.

Desde niño, los ojos risueños de Mario revelaban que Dios le había regalado una segunda invaluable oportunidad de vida: y eso fue lo que Mario quiso, aceptó el reto, ante la dura prueba.

¡Seguir viviendo!

Aunque Mario tuvo dolor y tristeza en su alma, fue más fuerte su apego a la vida, y su infortunio lo hizo fortalecerse, aferrándose setenta veces siete, al hecho de estar vivo.

Con la actitud positiva, el amor, la devoción y la total dedicación de sus padres, se consiguió que Mario recuperara la movilidad del cuello, un brazo y la mitad del otro y aunque el resto del cuerpo nunca se rehabilitó, esto fue un logro maravilloso que intercaló muchas sonrisas en medio de la batalla.

Se podía ver que Mario tenía, ante todo, alegría de vivir, pues su cara derrochaba enigmáticamente no sé qué ocultos motivos de felicidad, que fueron para su papá, su mamá y sus siete hermanos mayores, una infusión de vida, con la que se disminuyó el inminente el derrumbe que los aquejaba.

El más fuerte de todos era Mario.

Quien lo creía indefenso constató que no lo era.

Su fuerza no estaba en su cuerpo inmóvil sino en su espíritu tenaz que siempre buscó y encontró; inquirió y acertó.

Así como su fortaleza interna fue su luz, la clave de su éxito profesional, y como ser humano, fue aceptarse a sí mismo y aceptarse lo llevó a amarse... Y también amaba a Dios.

Sus limitantes físicas eran en realidad un reto muy menor para Mario, quien ajeno a todo complejo asistió a la escuela.

Llegó a la secundaria, cursó el bachillerato, ¡terminó la carrera de leyes...!

Nadie podría evitar que aprendiera a manejar su camioneta adaptada, que gestionara la desaparición de barreras arquitectónicas para facilitar a los discapacitados su desplazamiento, que se hiciera escuchar por el gobierno para que éste atendiera las necesidades de los muy mal llamados "minusválidos", que impulsara la creación de las rampas de acceso para sillas de ruedas a los hospitales, centros de diversión y aeropuertos, que fuera autosuficiente en sus gastos, que se subiera a un barco y que pescara, que viajara en avión por todo el mundo, que riera, que acudiera a fiestas, a cursos y a reuniones, que fuera a cuanto lugar le placiera, que amara intensamente, que sonriera más cada día, que fuera feliz, ¡que viviera!

En esos años, mientras que Mario aprendía muchas cosas, sin darse cuenta, él era quien daba a todos importantes y serias lecciones de vida.

Sus fieles compañeros fueron su silla de ruedas, su respirador y la camioneta adaptada, con los que recorrió universidades, hospitales, ciudades, aeropuertos, bosques, lagos y océanos.

Así, su vida transcurrió entre maestros y compañeros, médicos y cirugías, plegarias y acción de gracias; risas y regaños; chascarrillos y hasta albures.

Con todo eso, tuvo fuertes desalientos y a veces se daba permiso de llorar; pero nunca sucumbió.

Por el contrario, convertía los obstáculos en escalones, las dificultades en retos, y así fue capaz de entretejer con los problemas su crecimiento interior y su entereza.

En su interior algo le señalaba que su felicidad no iba a depender de lo que a él le pasara. Algo le decía que su felicidad dependería de lo que pasara en él.

Ése era el secreto de Mario Arroyo Castelazo, premisa que practicó hasta el día de su muerte, más de cuarenta años después de que todos pensaran, menos Mario, que la vida había terminado para él.

TESTIMONIO DE VIDA: MARÍA EUGENIA ARROYO CASTELAZO
CON LA COLABORACIÓN DE PATRICIA SÁNCHEZ CELAYA

Que siempre tengas...

*Suficiente determinación para hacer cada día
un mejor día que el anterior.
Suficiente felicidad para ser dulce.
Suficiente esperanza para ser feliz.
Suficiente dolor para mantenerte humano.
Suficientes problemas para mantenerte fuerte.
Suficientes fracasos para mantenerte humilde.
Suficientes amigos para consolarte.
Suficiente éxito para mantenerte deseoso.
Suficiente riqueza para cubrir tus necesidades.
Suficiente fe para derrotar la depresión.
Suficiente entusiasmo para ver hacia adelante.*

ANÓNIMO

CICATRICES QUE NO CURAN

Ésta es la historia de un muchachito que tenía muy mal carácter. Su padre le dio una bolsa de clavos y le dijo que cada vez que perdiera la paciencia, debería clavar un clavo detrás de la puerta.

El primer día, el muchacho clavó 37 clavos detrás de la puerta. Las semanas que siguieron, a medida que él aprendía a controlar su genio, clavaba cada vez menos clavos.

Descubrió que era más fácil controlar su genio que clavar clavos. Llegó el día en que pudo controlar su carácter durante todo el día. Después de informar a su padre, éste le sugirió que retirara un clavo cada día que lograra controlar su carácter.

Los días pasaron y el joven pudo anunciar a su padre que no quedaban más clavos para retirar de la puerta.

Su padre lo tomó de la mano y lo llevó hasta la puerta. Le dijo:

"Has trabajado duro, hijo mío, pero mira todos esos hoyos en la puerta. Nunca más será la misma."

Cada vez que tú pierdas la paciencia, dejas cicatrices exactamente como las que aquí ves. Tú puedes insultar a alguien y retirar lo dicho, pero la cicatriz perdurará para siempre.

ANÓNIMO

Yo quiero....

Yo quiero...
Ser una mujer consciente del privilegio de la vida.

Ser alguien, para responder con ello a los talentos que
Dios me ha regalado.

Ser feliz siendo yo misma, conforme a mi vocación y
mis sueños.

Ser mujer completa, no sustituto, menos objeto; saber
querer, decir sí, pero también saber decir no.

Sentir, ser completa, aceptarme, reconocer que soy
única, irrepetible e irremplazable.

Ser luz para mi pareja, mi familia y mis hijos,
porque así les ayudaré a crecer sin miedos y con
responsabilidad.

Ser una *vividora de la vida*, ser capaz de disfrutar
la belleza y descubrirla o construirla donde esté
escondida; disfrutar la risa, pero también el llanto.

Yo quiero...
Tener coraje de ser libre para elegir mis caminos,
vencer mis temores y asumir las consecuencias de mis
actos.

Tener alegría para reír, para construir mi camino a la
felicidad, para sentir la energía de vivir intensamente.

Tener éxito, pero también fracasos que me recuerden
mi condición humana.

Yo quiero...
Dejar de ser víctima, recobrar la capacidad de
autogobernarme.

Dejar de existir y atreverme a "súper vivir".

Querer el presente, elegir el futuro y trabajar para conseguirlo.

Yo quiero...
Cobrar conciencia de que nadie puede lastimarme a menos que yo lo permita.

Recordar el pasado, pero no vivir en el ayer; quiero soñar con el futuro, sin despreciar el presente, sabiendo que lo único seguro es el hoy, el aquí y el ahora.

Perdonarme mis errores, mis culpas, mis caídas. Viajar más ligera de equipaje.

Renacer cada día, decir sí a la aventura de la vida y del amor.

Trascender por mis silencios, mis palabras, mi hacer y sentir.

Repetirme a diario:
¡Qué suerte he tenido de nacer!
¡Qué suerte tengo de estar aquí!
¡Qué suerte de ser mujer!

Anónimo

Lo más importante que tengo es mi tiempo, porque lo pago con la vida.

Anónimo

La educación es el vestido de gala para asistir a la fiesta de la vida.

Berta Colmenares

TE DESEO

Te deseo primero que ames, y que amando, también
seas amado. De no ser así, seas breve en olvidar y
sepas ser sin desesperar.

Te deseo también que tengas amigos y que, incluso malos
e inconsecuentes sean valientes y fieles, y que por lo
menos
haya uno en quien confiar sin dudar.

Y porque la vida es así, te deseo también que tengas
enemigos, ni muchos, ni pocos, en la medida exacta, para
que algunas veces te cuestiones tus propias certezas; y
que entre ellos haya por lo menos uno que sea justo, para
que no te sientas demasiado seguro.

Te deseo además que seas útil, mas no insustituible; que
en los momentos malos, cuando no quede más nada, esa
utilidad sea suficiente para mantenerte en pie.

Igualmente, te deseo que seas tolerante, no con los que se
equivocan poco, porque eso es fácil, sino con los que se
equivocan mucho e irremediablemente, y que haciendo
buen uso de esa tolerancia, sirvas de ejemplo a otros.

Te deseo que siendo joven no madures demasiado
aprisa; y que ya maduro, no insistas en rejuvenecer; que
siendo viejo no te dediques a la desesperanza; porque
cada edad tiene su placer y su dolor y es necesario dejar
que fluyan entre nosotros.

Te deseo de paso que seas triste no todo el año, sino
apenas un día. Pero que en ese día descubras que la
risa diaria es buena, que la risa habitual es sosa y la risa
constante es malsana.

Te deseo que descubras, con urgencia máxima, por
encima y a pesar de todo, que existen, y que te rodean,
seres oprimidos, tratados con injusticia y personas
infelices.

Te deseo que acaricies un gato, alimentes a un pájaro y oigas a un jilguero erguir triunfante su canto matinal, porque de esta manera, te sentirás bien por nada.

Deseo también que plantes una semilla, por más minúscula que sea; y la acompañes en su crecimiento, para que descubras de cuántas vidas está hecho un árbol.

Te deseo, además, que tengas dinero, porque es necesario ser práctico, y que por lo menos una vez por año pongas algo de ese dinero frente a ti y digas: "esto es mío". Sólo para que quede claro, quién es el dueño de quién.

Te deseo también que ninguno de tus afectos muera, pero que si muere alguno, puedas llorar sin lamentarte y sufrir sin sentirte culpable.

Te deseo por fin que, siendo hombre, tengas una buena mujer, y que siendo mujer, tengas un buen hombre, mañana y al día siguiente, y que cuando estén exhaustos y sonrientes, hablen sobre amor para recomenzar.

Si todas estas cosas llegaran a pasar, no tengo más nada que desearte.

Anónimo

La vida no nos debe placeres, nos ofrece significados.

Anónimo

TU ROSTRO ES UN ESPEJO

Las cosas más bellas del mundo no se ven ni se tocan, sólo se sienten en el corazón.

Se dice que hace tiempo, en un pequeño y lejano pueblo, había una casa abandonada.

Cierto día un perrito buscando refugio del sol, logró meterse por el agujero de una de las puertas de dicha casa.

El perrito subió lentamente las viejas escaleras de madera; al terminar de subir las escaleras se topó con una puerta semiabierta; lentamente se adentró en el cuarto. Para su sorpresa, se dio cuenta que dentro de ese cuarto había mil perritos más observándolo tan fijamente como él los observaba a ellos.

El perrito comenzó a mover la cola y a levantar las orejas; los mil perritos hicieron lo mismo. Posteriormente sonrió y le ladró alegremente a uno de ellos. El perrito se quedó sorprendido al ver que los mil perritos le sonreían y le ladraban a él.

Cuando el perrito salió del cuarto se quedó pensando para sí mismo:

¡Qué lugar tan agradable! ¡Voy a venir más seguido a visitarlo!

Tiempo después, otro perrito callejero entró al mismo sitio y se encontró en el mismo cuarto pero, a diferencia del primero, al ver a los otros mil perritos del cuarto se sintió amenazado. Decidió que lo estaban viendo de una manera agresiva. Posteriormente empezó a gruñir, obviamente vio como los mil perritos le gruñían, comenzó a ladrarles ferozmente y los otros mil perritos le ladraron también a él.

Cuando este perrito salió del cuarto pensó:

¡Qué lugar tan horrible! Nunca más volveré a entrar allí.

Enfrente de la casa se encontraba un viejo letrero que decía:

La casa de los mil espejos, todos los rostros del mundo son espejos.

Decide cuál rostro quieres mostrar hoy y ése será el rostro que verás reflejado en la cara de las personas que mires.
Las cosas más bellas del mundo no se ven ni se tocan, se sienten en el corazón.

ANÓNIMO

La paciencia engendra rosas.

PROVERBIO CHINO

Hacemos una vasija de un pedazo de arcilla;
y es el espacio vacío en el interior de la vasija lo que la hace útil.

Hacemos puertas y ventanas para una estancia;
y son esos espacios vacíos los que la hacen habitable.

Así, mientras que lo tangible posee cualidades,
es lo intangible lo que lo hace útil.

LAO TSÉ

El filósofo siempre va a pie. Prefiere el bastón de la experiencia al carro rápido de la fortuna.

PITÁGORAS

*E*L HOMBRE MÁS AFORTUNADO

Me propongo demandar a la revista *Fortune*, pues me hizo víctima de una omisión inexplicable.

Resulta que publicó la lista de los hombres más ricos del planeta, y en esta lista no aparezco yo. Aparecen el sultán de Brunei, aparecen también los herederos de Sam Walton y Akira Mori. Figuran ahí también personalidades como la Reina Isabel de Inglaterra, Stavros Niarkos y los mexicanos Carlos Slim y Emilio Azcárraga.

Sin embargo, a mí no me menciona la revista. Y yo soy un hombre rico, inmensamente rico. Y si no, vean ustedes. Tengo vida, que recibí no sé por qué, y salud, que conservo no sé cómo.

Tengo una familia: esposa adorable que al entregarme su vida me dio lo mejor de la mía; hijos maravillosos de quienes no he recibido sino felicidad; nietos con los cuales ejerzo una nueva y gozosa paternidad.

Tengo hermanos que son como mis amigos y amigos que son como mis hermanos.

Tengo gente que me ama con sinceridad a pesar de mis defectos, y a la que yo amo con sinceridad a pesar de sus defectos.

Tengo cuatro lectores a los que cada día les doy gracias porque leen bien lo que yo escribo mal.

Tengo una casa y en ella muchos libros (mi esposa diría que tengo muchos libros y entre ellos una casa). Poseo un pedacito del mundo en la forma de un huerto que cada año me da manzanas que habrían acortado aún más la presencia de Adán y Eva en el Paraíso.

Tengo un perro que no se va a dormir hasta que llego y que me recibe como si fuera yo el dueño de los cielos y la tierra.

Tengo ojos que ven y oídos que oyen; pies que caminan y manos que acarician; cerebro que piensa cosas que a otros se les habían ocurrido, pero que a mí no se me habían ocurrido nunca.

Soy dueño de la común herencia de los hombres: alegrías para disfrutarlas y penas para hermanarme con los que sufren.

Y tengo un Dios bueno que guarda para mí infinito amor. ¿Puede haber mayores riquezas que las mías?

¿Por qué, entonces, no me puso la revista *Fortune* en la lista de los hombres más ricos del planeta?

ARMANDO FUENTES AGUIRRE

Si ayudo a una sola persona a tener esperanza,
no habré vivido en vano.

MARTIN LUTHER KING

El bien de la humanidad debe consistir en que cada uno goce
al máximo de la felicidad que pueda, sin disminuir
la felicidad de los demás.

ALDOUS HUXLEY

EDUCACIÓN Y VIDA

Lo que ennoblece a un hombre es su fortaleza
para educar al prójimo, brindar su apoyo
al que está angustiado y alegría a todo
el que se encuentra en el camino.

ROGER PATRÓN LUJÁN

HABLAR Y CALLAR

Sí, hablar es fácil, pero callar requiere prudencia y dominio.

Hablar oportunamente es acierto.
Hablar frente al enemigo es civismo.
Hablar ante una injusticia es valentía.
Hablar para ratificar es un deber.
Hablar para defender es compasión.
Hablar ante un dolor es consolar.
Hablar para ayudar a otros es caridad.
Hablar con sinceridad es rectitud.
Hablar de sí mismo es vanidad.
Hablar restituyendo fama es honradez.
Hablar aclarando chismes es estupidez.
Hablar disipando falsos es de conciencia.
Hablar de defectos es lastimar.
Hablar debiendo callar es necedad.
Hablar por hablar es tontería.
Hablar de Dios significa mucho amor.

Callar cuando acusan es heroísmo.
Callar cuando insultan es amor.
Callar las propias penas es sacrificio.
Callar de sí mismo es humildad.
Callar miserias humanas es caridad.
Callar a tiempo es prudencia.
Callar en el dolor es penitencia.
Callar debiendo hablar es cobardía.
Callar palabras inútiles es virtud.
Callar cuando hieren es santidad.
Callar para defender es nobleza.
Callar defectos ajenos es benevolencia.

Debemos aprender primero a *callar* para poder *hablar*,
y siempre con acierto y tino, porque si *hablar* es plata,
callar es oro.

Y recuerda siempre: *Que tus palabras sean más valiosas
que el silencio que rompen.*

ANÓNIMO

143

EL FLORERO DE PORCELANA

El Gran Maestro y el Guardián se dividían la administración de un monasterio zen. Cierto día, el Guardián murió y fue preciso sustituirlo. El Gran Maestro reunió a todos los discípulos para escoger quién tendría la honra de trabajar directamente a su lado.

—Voy a presentarles un problema —dijo el Gran Maestro— y aquel que lo resuelva primero será el nuevo Guardián del templo. Terminado su corto discurso, colocó un banquito en el centro de la sala. Encima estaba un florero de porcelana seguramente carísimo, con una rosa roja que lo decoraba.

Éste es el problema —dice el Gran Maestro— resuélvanlo.

Los discípulos contemplaron perplejos el "problema", por lo que veían los diseños sofisticados y raros de la porcelana, la frescura y la elegancia de la flor. ¿Qué representaba aquello? ¿Qué hacer?
¿Cuál sería el enigma?

Pasó el tiempo sin que nadie atinara a hacer nada salvo contemplar el problema, hasta que uno de los discípulos se levantó, miró al maestro y a los alumnos, caminó resueltamente hasta el florero y lo tiró al suelo, destruyéndolo.

¡Al fin alguien lo hizo! —exclamó el Gran Maestro—. ¡Empezaba a dudar de la formación que les hemos dado en todos estos años! Usted es el nuevo Guardián.

Al volver a su lugar el alumno, el Gran Maestro explicó:

—Yo fui bien claro: dije que ustedes estaban delante de un "problema". No importa cuán bello y fascinante sea un problema, tiene que ser eliminado. Un problema es un problema; puede ser un florero de porcelana muy caro, un lindo amor que ya no tiene sentido, un camino que precisa ser abandonado, por más que insistimos en recorrerlo porque nos trae comodidad.

Sólo existe una manera de lidiar con un problema
...atacándolo de frente.

En esos momentos, no se puede tener piedad, ni ser
tentado por el lado fascinante que cualquier conflicto
acarrea consigo.

Recuerda que un problema es un problema. No tiene caso
tratar de acomodarlo y darle vueltas, si al fin y al cabo ya
no es otra cosa más que *un problema*.

Déjalo, hazlo a un lado y continúa disfrutando de lo
hermoso y lo que vale la pena en la vida. No huyas de él...
acaba con él.

ANÓNIMO

*Cualquiera puede enojarse, eso es fácil. Pero enojarse con quien uno
debe enojarse, con el debido grado de enojo, en el debido momento, con
el debido propósito y en la debida forma, eso no es fácil.*

ATRIBUIDO A ARISTÓTELES

Trata a los demás como deseas que te traten a ti.

ESCUELA MODELO, MÉRIDA, YUCATÁN

EJEMPLO

No educas cuando impones disciplina,
sino cuando formas personas responsables.

No educas cuando impones autoritariamente el respeto,
sino cuando lo ganas con tu autoridad de persona respetable.

No educas cuando impones miedo que paraliza,
sino cuando logras la admiración que estimula.

No educas cuando impones información a la memoria,
sino cuando muestras el sentido de la vida.

No educas cuando impones a Dios,
sino cuando lo haces presente en tu vida.

No educas cuando impones tus ideas,
sino cuando fomentas la capacidad de pensar por
cuenta propia.

No educas cuando impones el terror que aísla,
sino cuando liberas el amor que acerca y comunica.

No educas cuando impones tu autoridad,
sino cuando cultivas la autonomía del otro.

No educas cuando impones la uniformidad que adocena,
sino cuando respetas la originalidad que diferencia.

No educas cuando impones la verdad,
sino cuando enseñas a buscarla honestamente.

No educas cuando impones un castigo,
sino cuando ayudas a aceptar una sanción.

No educas cuando impones tus convicciones,
sino cuando suscitas convicciones personales.

No educas cuando impones conductas,
sino cuando propones valores que motivan.

No educas cuando impones caminos,
sino cuando enseñas a caminar.

No educas cuando impones el sometimiento,
sino cuando despiertas el coraje de ser libres.

Anónimo

El sentido está, existe y su tarea es solamente encontrarlo.

Anónimo

Un consejo ayuda... un ejemplo arrastra.

Anónimo

*S.O.S. Que tu paso por este mundo colabore a dejarlo mejor de
como lo encontraste.*

Anónimo

*Siempre ponte en el lugar de los demás.
Si te duele, muy probablemente le duela a la otra persona.*

Anónimo

El arte de educar

Su nombre era la señorita García. Mientras estuvo al frente de su clase de quinto grado, iniciaba el primer día de clase diciendo a los niños una mentira como la mayor parte de los profesores: miraba a sus alumnos y les decía que a todos los quería por igual.

Pero eso no era posible, porque ahí en la primera fila, desparramado sobre su asiento, estaba un niño llamado Toño Robles. La señorita García había observado a Toño desde el año anterior y había notado que él no jugaba muy bien con otros niños, su ropa estaba muy descuidada y constantemente necesitaba darse un buen baño. Toño comenzaba a ser un tanto desagradable.

Llegó el momento en que la señorita García disfrutaba al marcar un cero muy llamativo en la parte superior de sus tareas.

De acuerdo con las reglas de la escuela, los profesores debían revisar el historial de cada niño, pero la señorita García dejó el expediente de Toño para el final. Cuando ella lo revisó, se llevó una gran sorpresa.

La profesora de primer grado escribió: "Toño es un niño muy brillante con una sonrisa sin igual. Hace su trabajo de una manera limpia y tiene muy buenos modales... es un placer tenerlo cerca."

Su profesora de segundo grado escribió: "Toño es un excelente estudiante, se lleva muy bien con sus compañeros, pero se nota preocupado porque su madre tiene una enfermedad incurable y el ambiente en su casa debe ser muy difícil."

La profesora de tercer grado escribió: "Su madre ha muerto, ha sido muy duro para él. Trata de hacer su mejor esfuerzo, pero su padre no muestra mucho interés y el ambiente en su casa le afectará pronto si no se toman ciertas medidas."

Su profesora de cuarto grado escribió: "Toño se encuentra atrasado con respecto a sus compañeros y no muestra mucho interés en la escuela. No tiene muchos amigos y en ocasiones duerme en clase".

Ahora que la señorita García se daba cuenta del problema, se sentía avergonzada. Comenzó a sentirse peor cuando sus alumnos le llevaron sus regalos de Navidad, envueltos con preciosos lazos y papel brillante, excepto Toño.

Su regalo estaba mal envuelto con un papel amarillento. A la maestra le dio pánico abrir ese regalo en medio de los otros presentes. Algunos niños empezaron a reír cuando ella encontró un viejo brazalete y un frasco de perfume con sólo un cuarto de su contenido. Ella detuvo las burlas de los niños al exclamar lo precioso que era el brazalete mientras se lo probaba y se colocaba un poco del perfume en su muñeca.

Toño Robles se quedó ese día al final de la clase el tiempo suficiente para decir: "Señorita García, el día de hoy usted huele como olía mi mamá".

Después de que el niño se fue, ella lloró por lo menos una hora. Desde ese día, ella dejó de enseñarles a los niños aritmética, a leer y escribir. En lugar de eso, comenzó a educar a los niños. Puso atención especial en Toño.

Conforme comenzó a trabajar con él, su cerebro comenzó a revivir; mientras más lo apoyaba, él respondía más rápido. Para el final del ciclo escolar, Toño se había convertido en uno de los niños más aplicados de la clase y a pesar de su mentira de que quería a todos sus alumnos por igual, Toño se convirtió en uno de los consentidos de la maestra.

Un año después, ella encontró una nota debajo de su puerta.

Era de Toño, diciéndole que ella había sido la mejor maestra que había tenido en toda su vida.

Seis años después, por las mismas fechas, recibió otra nota de Toño. Ahora le decía que había terminado la preparatoria siendo el tercero de su clase y ella seguía siendo la mejor maestra que había tenido en toda su vida.

Cuatro años después, recibió otra carta que decía que a pesar de que en ocasiones las cosas habían sido muy duras, se mantuvo en la escuela y pronto se graduaría con los más altos honores. Él le reiteró que seguía siendo la mejor maestra que había tenido en toda su vida y su favorita.

Cuatro años después recibió otra carta. En esta ocasión le contaba que después de terminar su carrera, decidió viajar un poco. La carta le explicaba que ella seguía siendo la mejor maestra que había tenido y su favorita, pero ahora su nombre se había alargado un poco. La carta estaba firmada por el Dr. Antonio Robles Moreno. La historia no termina aquí, existe una carta más que leer. Ahora Toño le decía que había conocido a una chica con la cual iba a casarse. Explicaba que su padre había muerto hacía un par de años y le preguntaba a la señorita García si le gustaría ocupar en su boda el lugar que usualmente se reserva para la madre del novio.

Por supuesto ella aceptó y ¡adivinen! Ella llegó usando el viejo brazalete y se aseguró de usar el perfume que Toño recordaba que usó su madre la última Navidad que pasaron juntos.

Se dieron un gran abrazo y el Doctor Robles le susurró al oído "Gracias señorita García por creer en mí. Muchas gracias por hacerme sentir importante y mostrarme que yo puedo cambiar las cosas."

Con lágrimas en los ojos, la señorita García tomó aire y respondió: "Toño, te equivocas, tú fuiste quien me enseñó que yo puedo cambiar las cosas. No sabía cómo educar hasta que te conocí."

ANÓNIMO

EL ECO DE LA VIDA

Un hijo y su padre caminaban en las montañas.
De repente, el hijo se lastima y grita: ¡¡¡Aaaaahhhhhhhh!!!

Para su sorpresa oye una voz que repetía en algún lugar
de la montaña: ¡¡¡Aaaaahhhhh!!!

Con curiosidad el niño grita: ¿Quién esta ahí? Recibe por
respuesta: ¿Quién está ahí?

Enojado con la respuesta, el niño grita:
¡Cobarde! y recibe de respuesta ¡Cobarde!

El niño mira a su padre y le pregunta: ¿Qué sucede?
El padre sonríe y le dice: "Hijo mío, presta atención"
y entonces el padre grita a la montaña: Te admiro. De
nuevo el hombre grita: Eres un campeón, y la voz le
responde: Eres un campeón.

El niño estaba asombrado pero no entendía. El padre le
explicó: La gente lo llama eco, pero en realidad es la vida.

Te devuelve todo lo que dices o haces.
Nuestra vida es simplemente un reflejo de nuestras acciones.

Si deseas felicidad, da felicidad a los que te rodean. Si
quieres una sonrisa en el alma, da una sonrisa en el alma
de los que conoces.

Esta relación se aplica a todos los aspectos de la vida. La vida
te dará de regreso exactamente aquello que tú le has dado.

Tu vida no es una coincidencia, es un reflejo de ti.

Alguien dijo:

Si no te gusta lo que recibes, revisa muy bien lo que estás dando.

ANÓNIMO

El grano de café

Una hija se quejaba con su padre de su vida y cómo las cosas le resultaban tan difíciles.

No sabía cómo hacer para seguir adelante y creía que se daría por vencida. Estaba cansada de luchar. Parecía que cuando solucionaba un problema aparecía otro.

Su padre, un chef de cocina, la llevó a su lugar de trabajo.

Allí llenó tres ollas con agua y las colocó sobre el fuego. Pronto el agua de las tres ollas estaba hirviendo. En una colocó zanahorias, en otra colocó huevos y en la última colocó granos de café. Las dejó hervir, sin decir palabra.

La hija esperó impaciente, preguntándose que estaría haciendo su padre.

A los veinte minutos el padre apagó el fuego. Sacó las zanahorias y las colocó en un tazón. Sacó los huevos y los colocó en otro plato. Finalmente, colocó el café en un tercer recipiente.

Mirando a su hija le dijo:

—Querida, ¿qué ves?

—Zanahorias, huevos y café —fue su respuesta.

La hizo acercarse y le pidió que tocara las zanahorias. Ella notó que estaban blandas. Luego le pidió que tomara un huevo y lo rompiera. Después de quitarle la cáscara, observó el huevo duro.

Luego le pidió que probara el café. Ella sonrió mientras disfrutaba de su rico aroma. Humildemente la hija preguntó:

—¿Qué significa esto, padre?

Él le explicó que los tres elementos habían enfrentado la misma adversidad: agua hirviendo, pero habían reaccionado en forma diferente.

La zanahoria llegó al agua fuerte, dura; pero después de pasar por el agua hirviendo se había puesto débil, fácil de deshacer.

El huevo había llegado al agua frágil, su cáscara fina protegía su interior líquido; pero después de estar en agua hirviendo, su interior se había endurecido.

Los granos de café, sin embargo, eran únicos: después de estar en agua hirviendo, habían cambiado el agua.

—¿Cuál eres tú, hija mía? Cuando la adversidad llama a tu puerta, ¿cómo respondes? —le preguntó a su hija.

¿Eres una zanahoria que parece fuerte pero cuando la adversidad y el dolor te tocan, te vuelves débil y pierdes tu fortaleza?

¿Eres un huevo, que comienza con un corazón maleable? ¿Poseías un espíritu fluido, pero después de una muerte, una separación o un despido te has vuelto dura y rígida? Por fuera te ves igual, pero ¿eres amargada y áspera, con un espíritu y un corazón endurecidos?

—¿O eres como un grano de café? El café cambia al agua hirviendo, el elemento que le causa dolor. Cuando el agua llega al punto de ebullición, el café alcanza su mejor sabor.

Ojalá logres ser como el grano de café y, cuando las cosas se pongan mal, tú puedas reaccionar en forma positiva, sin dejarte vencer y hagas que las cosas a tu alrededor mejoren.

Que ante la adversidad exista siempre una luz que ilumine tu camino y el de la gente que te rodea. Que puedas esparcir con tu fuerza, optimismo y alegría, el "dulce aroma del café".

ANÓNIMO

A LA GENERACIÓN 2001

Para Alejandro Manzanera:

Este mes te gradúas y quiero compartir contigo el discurso que el exitoso director de cine australiano, Baz Luhrmann, dio a los alumnos de la generación del 97 del Massachussetts Institute of Technology al término de sus estudios. Este escrito fue publicado el 1° de junio de 1997 en el diario *Chicago Tribune* por la columnista Mary Schimich.

Los graduados esperaban un discurso muy formal pero lo que escucharon fue más que eso. Humano, sensible y muy práctico.

Damas y caballeros de la clase del 97:

¡Usen filtro solar!

Si pudiera ofrecerles tan sólo un consejo para el futuro, sería éste. Los científicos han comprobado los beneficios de largo plazo del filtro solar, mientras que el resto de lo que les pueda decir no tiene ninguna base confiable más que mi vaga experiencia que, por ahora, comparto con ustedes:

Disfruta el poder y la belleza de tu juventud, pero olvídalo, no lo vas a comprender hasta que el poder y la belleza de tu juventud se hayan desvanecido. Sin embargo, confía en mí.

Dentro de veinte años verás fotos tuyas y recordarás de una forma que ahora se te escapa, la cantidad de posibilidades que tenías frente a ti, y te darás cuenta lo bien que te veías. No estabas tan gordo como te imaginabas.

No te preocupes por el futuro, o preocúpate, pero entérate que preocuparse es tan útil como intentar resolver una ecuación de álgebra masticando chicle. Sé considerado con el corazón de las personas y no toleres a aquellos que sean desconsiderados con el tuyo.

Los verdaderos problemas en tu vida serán cosas que nunca cruzaron tu mente preocupada, ésos que aparecen por donde menos los esperas un martes a las cuatro de la tarde.

No pierdas tiempo con celos, algunas veces estarás adelante, algunas veces estarás atrás, la carrera es larga y, al final, es sólo contigo mismo.

Recuerda los halagos que recibes, olvida los insultos. Guarda tus cartas de amor y tira tus estados de cuenta viejos.

No te sientas culpable si no sabes qué hacer con tu vida. Las personas más interesantes que conozco, a los veintidós años tampoco sabían qué hacer con su vida. Incluso, algunos amigos cuarentones interesantes todavía no lo saben.

Toma mucho calcio, trata a tus rodillas con suavidad, las extrañarás cuando ya no te funcionen bien.

Tal vez te cases, tal vez no, tal vez tengas hijos, tal vez no. Tal vez te divorcies a los cuarenta, o tal vez bailes hasta el cansancio en tu 75 aniversario. Sin importar lo que hagas, no te felicites demasiado, pero tampoco te lo reproches. La mitad de los logros que tienes en la vida se los debes a las circunstancias que te rodean. Así también les sucede a los otros.

Comprende que los amigos van y vienen, pero cuida mucho a los pocos que valen mucho. Esfuérzate por mantener puentes para las brechas que generan la distancia geográfica y el estilo de vida, porque entre más grande eres, más necesitas a la gente que conociste cuando eras joven.

Sé bueno con tus hermanos, son tu mejor conexión con el pasado y los que muy probablemente estarán contigo en el futuro.

Vive en una gran ciudad alguna vez, pero déjala antes de que te haga muy duro. Vive en un pueblo pequeño alguna vez, pero déjalo antes de que te haga demasiado blando.

No veas revistas de moda, lo único que lograrán es hacer que te sientas feo o fea.

Acepta las verdades innegables: los precios subirán, los políticos serán mujeriegos y tú te harás más viejo. Y cuando suceda, fantasearás con que, cuando eras joven, los precios eran justos, los políticos eran confiables y los niños respetaban a sus mayores. Respeta a tus mayores.

No esperes que alguien te ayude, quizá tengas un fondo de inversiones, quizá tu pareja sea rica, pero nunca sabrás cuando se acaben cualquiera de los dos.

No te metas mucho con tu pelo o, para cuando tengas cuarenta años, se verá como de alguno de ochenta y cinco.

Viaja. Canta. Estira tus músculos. Usa hilo dental. Todos los días haz algo que te asuste. Lee las instrucciones, aunque no las sigas. No temas lo que la gente pueda pensar. Disfruta tu cuerpo, úsalo de todas las formas posibles. Acércate a tus papás. Nunca sabes cuándo se irán para siempre.

Sé cuidadoso de quién tomas consejos, pero ten paciencia con aquellos que te los dan. Aconsejar es una forma de nostalgia. Es una forma de rescatar el pasado del bote de la basura; limpiarlo, pintarle las paredes feas y reciclarlo por más de lo que vale.

Pero, confía en lo que te digo de los bloqueadores.

Ojalá que estos consejos los puedas tatuar en tu mente. Son la realidad de la vida. Sobre todo felicítate, porque todo lo que haces tiene una culminación: para conseguirlo te has tenido que esforzar al máximo.

¡La graduación no es otra cosa que el festejo por la meta alcanzada!

GABRIELA VARGAS GUAJARDO

GRACIAS, PAPÁ

Gracias, papá, por tu humildad, porque me enseñaste
que uno no es más hombre por ser infalible, sino más
humano y pleno al actuar con honestidad y reconocer
los errores cometidos.

Gracias, papá, por brindarme, con tu ejemplo, la
conciencia y el valor que el único motivador real es
nuestra manera de vivir, porque comprendí y comprendo
que el ejemplo enrola, invita, crea la posibilidad de que
otro ser viva, goce y produzca el deseo de crear y de
amar.

Gracias, papá, por decirme siempre la verdad,
por hacerme sentir digno de confianza y capaz de
comprenderte y comprender el mundo.

Gracias por decirme tus puntos de vista, a pesar de
que sabías que me enojaría, gracias por ubicarme en la
realidad, por indicarme cuando actúo en forma contraria
a lo que digo.

Gracias, papá, por marcarme los límites de la vida, por
no darme lo que yo podía conseguir, por posibilitarme a
ser independiente.

Gracias por enseñarme a pescar y por no darme el
pescado.

PABLO HULSZ L.

*El hombre juicioso sólo piensa en sus males cuando ello conduce a algo
práctico, todos los demás momentos los dedica a otras cosas.*

BERTRAND RUSSELL

TRABAJO

Si aplicaste tiempo en instruirte en aquello que más disfrutas, las horas de trabajo serán un camino de vivencias, y para nada una carga en tu vida.

ROGER PATRÓN LUJÁN

TRABAJO

Debes de trabajar cada día como si tu vida estuviera en juego.

No fuiste creado para una vida de ociosidad. El trabajo no
es tu enemigo, sino tu amigo. Si te prohibieran todas las
maneras de esfuerzo, caerías de rodillas y pedirías la muerte.

No necesitas amar las tareas que desempeñas... hasta
los reyes sueñan en otras ocupaciones. Sin embargo, tú
debes trabajar y es cómo lo hagas, no lo que hagas, lo que
determinará el curso de tu vida. Ningún hombre que es
descuidado con el martillo construirá jamás un palacio.

Lleva a cabo siempre todo lo que se te pida, y más.
Tu recompensa llegará.

Aprende que sólo existe un método seguro de obtener
el éxito y éste es por medio del trabajo arduo. Si no estás
dispuesto a pagar ese precio para distinguirte, disponte a
llevar una vida de mediocridad y pobreza.

Compadece a los que te ofenden y te preguntan por qué
haces tanto a cambio de tan poco. Los que dan menos,
reciben menos.

Nunca caigas en la tentación de disminuir tus esfuerzos,
aunque estés trabajando para otro. Tu éxito no es menor si
alguien te está pagando por trabajar para ti mismo.

Haz siempre tu mejor esfuerzo.
Lo que plantes ahora lo cosecharás más tarde.

Siéntete agradecido por tus tareas y por lo que éstas te
exigen. Si no fuera por tu trabajo, sin que importe cuán
desagradable te parezca, no podrías comer, ni gozar, ni
dormir profundamente, ni estar saludable, ni gozar de las
tranquilas sonrisas de gratitud de los que te aman por lo
que eres, no por lo que haces.

ANÓNIMO

UNA NUEVA VIDA

Estoy cansado de trabajar, de ver la misma gente, de comer la misma comida hecha por mi esposa.

Estoy cansado de que mi hija de apenas un año y medio no entienda que cuando llego del trabajo todos los días, no puedo jugar con ella y que lo que quiero es entrar al baño.

Tomo mi revista sentado en el sillón y mi hija otra vez quiere jugar, quiere que la arrulle. Sale mi esposa y quiere que la escuche y luego se enoja conmigo porque no le presto atención y ella no entiende que quiero estar solo, y no escuchar nada ni a nadie... suficientes problemas hay en mi trabajo para atender también los de mi casa.

Mi madre también me molesta y entre mi esposa y los clientes tengo suficiente; por eso quiero cerrar los ojos y olvidarme de todos y de todo.

—Hola, vengo por ti.

—¿Quién eres? ¿Cómo entraste?

—Me manda Dios por ti. Él escuchó tus quejas y, tienes razón, es hora de que descanses.

—Eso no es posible, para eso yo debería estar muerto.

—Así es, ya no te preocupes por ver a la misma gente, comer lo mismo, ni aguantar a los que no quieres tener a tu lado.

—Pero, ¿qué va a pasar con mi trabajo?

—No te preocupes, ya contratarán a otra persona que ocupará tu puesto. Y estará muy feliz porque llevaba mucho tiempo desempleado.

—Y mi esposa... ¿y mi bebé?

—A tu esposa se le dará un buen hombre que la quiera, que la respete y admire, que acepte con gusto todos sus reclamos, que dé gracias a Dios por el trabajo, por su nueva esposa. Y se preocupará por la bebé, aunque llegue muy cansado de trabajar.

—No... ¡no puedo estar muerto!

—Lo siento, la decisión ya fue tomada.

—Eso significa que no volveré a ver las montañas, a sentir la lluvia, ni a besar las mejillas de mi bebé; ni estar junto a mi esposa, ver a los amigos, hablar con mis padres. No, no quiero morir.

Quiero vivir, quiero ver las flores, ver los atardeceres junto a mis seres queridos, amar a mi bebé y envejecer junto a mi esposa... ¡No quiero morir todavía!

—Pero eso es lo que querías... descansar. Ahora ya tienes un descanso eterno, descansarás para siempre.

—¡No, no quiero, no quiero... por favor, Dios...!

—¿Qué te pasa amor?, ¿tienes una pesadilla? —dijo mi esposa, despertándome.

—No, no fue una pesadilla, fue otra oportunidad para disfrutar de ti, de mi hija, de mi familia, de todo lo que Dios creó.

¿Sabes? Estando muerto ya nada puedo hacer, pero estando vivo ¡puedo disfrutarlo todo!

Cerró los ojos y dijo:

—*Qué bello es vivir. Hoy lo lograré, mañana, mañana Dios dirá.*

ANÓNIMO

PALABRAS

Un grupo de ranas viajaba por el bosque y, de repente, dos de ellas cayeron en un hoyo profundo. Todas las demás ranas se reunieron alrededor del hoyo. Cuando vieron cuán hondo era, le dijeron a las dos ranas que, para efectos prácticos, se debían dar por muertas.

Las dos ranas no hicieron caso a los comentarios de sus amigas y siguieron tratando de saltar fuera del hoyo con todas sus fuerzas. Las otras ranas seguían insistiendo que sus esfuerzos serían inútiles.

Finalmente, una de las ranas puso atención a lo que las demás decían y se rindió; se desplomó y murió.
La otra rana continuó saltando tan fuerte como le era posible.

Una vez más, la multitud de ranas le gritaba y le hacía señas para que dejara de sufrir y simplemente se dispusiera a morir, ya que no tenía caso seguir luchando.

Pero la rana saltó cada vez con más fuerza hasta que finalmente logró salir del hoyo. Cuando salió, las otras ranas le dijeron: nos da gusto que hayas logrado salir, a pesar de lo que te gritábamos.

La rana les explicó que era sorda y que pensó que las demás la estaban animando a esforzarse más y salir del hoyo.

Decir una palabra destructiva a alguien que se encuentra desanimado puede acabar por destruirlo.

¡Tengamos cuidado con lo que decimos!

ANÓNIMO

¿Quién muere?

Muere lentamente quien se transforma en esclavo del hábito, repitiendo todos los días los mismos trayectos, quien no cambia de marca, no arriesga vestir un color nuevo y no le habla a quien no conoce.

Muere lentamente quien hace de la televisión su gurú.

Muere lentamente quien evita una pasión, quien prefiere el negro sobre blanco y los puntos sobre las "íes" a un remolino de emociones, justamente las que rescatan el brillo de los ojos, sonrisas de los bostezos, corazones a los tropiezos y sentimientos.

Muere lentamente quien no voltea la mesa cuando está infeliz en el trabajo, quien no arriesga lo cierto por lo incierto para ir detrás de un sueño, quien no se permite, por lo menos una vez en la vida, huir de los consejos sensatos.

Muere lentamente quien no viaja, quien no lee, quien no oye música, quien no encuentra gracia en sí mismo.

Muere lentamente quien destruye su amor propio, quien no se deja ayudar.

Muere lentamente quien pasa los días quejándose de su mala suerte o de la lluvia incesante.

Muere lentamente quien abandona un proyecto antes de iniciarlo, no preguntando de un asunto que desconoce o no respondiendo cuando le indagan sobre algo que sabe.

Evitemos la muerte en suaves cuotas, recordando siempre que estar vivo exige un esfuerzo mucho mayor que el simple hecho de respirar.

Solamente la ardiente paciencia hará que conquistemos una espléndida felicidad.

ANÓNIMO

TRABAJO

Aquí yace un hombre que se supo rodear de mejores
hombres que él.

El éxito no es hacer bien o muy bien las cosas y tener
el reconocimiento de los demás. No es una opinión
exterior, es un estado interior.

Es la armonía del alma y de sus emociones,
que necesita del amor, la familia, la amistad, la
autenticidad, la integridad.

La fortaleza y el equilibrio emocional están en la vida
interior, y en evitar aquellos sentimientos que corroen
el alma: la envidia, los celos, la soberbia, la lujuria, el
egoísmo, la venganza, el rencor, la avaricia, la pereza, que
son veneno que se ingiere poco a poco.

Cuando den, no esperen recibir, "queda aroma en la mano
que da rosas". No permitan que sentimientos y opiniones
negativas dominen su ánimo.

El daño emocional no viene de terceros, se fragua y se
desarrolla dentro de nosotros.

Lo que más vale en la vida no cuesta y, lo que más cuesta
, no vale; el amor, la amistad, la naturaleza y lo que sobre
ella ha logrado el hombre de formas, colores, sonidos,
olores, que percibimos con nuestros sentidos, pero sólo si
los tenemos despiertos.

Vivan sin miedos y sin culpas; los miedos son los peores
sentimientos del hombre, lo debilitan, inhiben su acción
y lo deprimen. Las culpas son unos lastres enormes en
nuestro pensar, en nuestro actuar y en la vida.

Hacen difícil el presente y obstruyen el futuro.

Para combatirlos seamos sensatos, aceptemos cómo
somos, nuestras realidades, nuestros gozos y nuestras
penas.

La ocupación desplaza a la preocupación y los problemas, al enfrentarlos, desaparecen.

Así, los problemas deben hacernos más fuertes: de los fracasos aprender, y hacer de los éxitos estímulos callados.

Actúen siempre como les dicte su conciencia, pues a ésta nunca se le engaña. De esta manera los miedos y las culpas serán mínimas.

El trabajo bien hecho no es sólo una responsabilidad con la sociedad, es también una necesidad emocional.

Al final nos vamos sin nada, sólo dejamos nuestras obras, familias, amigos, y quizá la influencia, por las ideas que en ellos hayamos dejado.

ATRIBUIDO A CARLOS SLIM HELÚ

Sin trabajo nada prospera.

SÓFOCLES

Mi abuelo una vez me dijo que hay dos clases de personas: quienes trabajan y quienes quieren recibir el crédito.

Él me dijo que tratara de estar en el primer grupo, hay menos competencia allí.

INDIRA GANDHI

Asamblea en la carpintería

Cuentan que en la carpintería hubo una vez una extraña asamblea. Fue una reunión de herramientas para arreglar sus diferencias. El martillo ejerció la presencia, pero la asamblea le notificó que tenía que renunciar.

¿La causa?

¡Hacía demasiado ruido!
Y, además, se pasaba todo el tiempo golpeando.

El martillo aceptó su culpa, pero pidió que también fuera expulsado el tornillo; dijo que había que darle muchas vueltas para que sirviera de algo.

Ante el ataque, el tornillo aceptó también, pero a su vez pidió la expulsión de la lija. Hizo ver que era muy áspera en su trato y siempre tenía fricciones con los demás.

Y la lija estuvo de acuerdo, a condición de que fuera expulsado el metro que siempre se la pasaba midiendo a los demás según su criterio, como si fuera el único perfecto.

En eso entró el carpintero, se puso el delantal e inició su trabajo, Utilizó el martillo, la lija, el metro y el tornillo. Finalmente, la tosca madera inicial se convirtió en un lindo juego de ajedrez.

Cuando la carpintería quedó nuevamente sola, la asamblea reanudó la deliberación. Fue entonces cuando tomó la palabra el serrucho y dijo:

Señores, ha quedado demostrado que tenemos defectos, pero el carpintero trabaja con nuestras cualidades. Eso es lo que nos hace valiosos. Así que no pensemos ya en nuestros puntos malos y concentrémonos en la utilidad de nuestros puntos buenos.

La asamblea encontró entonces que el martillo era fuerte, el tornillo unía y daba fuerza, la lija era especial para afinar y limar asperezas y observaron que el metro era preciso y exacto.

Se sintieron entonces un equipo capaz de producir y hacer cosas de calidad. Se sintieron orgullosos de su fortaleza y de trabajar juntos.

Ocurre lo mismo con los seres humanos.

Observen y lo comprobarán. Cuando en una institución el personal busca a menudo defectos en los demás, la situación se vuelve tensa y negativa. En cambio, al tratar con sinceridad de percibir los puntos fuertes de los demás, es cuando florecen los mejores logros humanos.

Es fácil encontrar defectos, cualquier tonto puede hacerlo; pero encontrar cualidades es para los espíritus superiores que son capaces de inspirar todos los éxitos humanos.

ANÓNIMO

La gente feliz planifica acciones en vez de resultados.

DENNIS WHOLEY

Todo hombre nace con el germen de la obra que ha de cumplir.

JAMES RUSSELL LOWELL

No te detengas

La piel se arruga, el pelo se vuelve blanco,
los días se convierten en años...
pero lo más importante no cambia,
tu fuerza y tu convicción no tienen edad.

Tu espíritu es el plumero de cualquier telaraña.
Detrás de cada meta, hay un comienzo,
detrás de cada logro, hay un desafío.

Mientras estés vivo, siéntete vivo.
Si extrañas lo que hacías, vuelve a hacerlo.
No vivas del pasado.

Sigue aunque todos esperen que abandones.
No dejes que se oxide el hierro que hay en ti.
Haz que en vez de lástima, te tengan respeto.

Cuando por los años no puedas correr, trota.
Cuando no puedas trotar, camina.
Cuando no puedas caminar, usa el bastón.

Pero ¡nunca te detengas!

ATRIBUIDO A LA MADRE TERESA DE CALCUTA

Una persona especial es la que se da tiempo para animar a otros.
¡Dispongámonos a ser especiales para los demás!

ANÓNIMO

LECCIÓN DE DOSCIENTOS PESOS

Un reconocido orador inició su seminario sosteniendo un billete de doscientos pesos y preguntó a su auditorio:

—¿Alguien quiere este billete?

Varias personas levantaron la mano. Entonces les dijo:

—Alguno de ustedes recibirá este billete, pero antes voy a hacer algo.

Tomó el billete y lo oprimió hasta arrugarlo, luego volvió a preguntar si alguien todavía lo quería. Las manos del auditorio se mantenían arriba.

—Bien —dijo el orador— ¿y si hago esto?

Tiró el billete al suelo y empezó a pisarlo. Después lo recogió sucio y maltrecho del piso y volvió a preguntar si todavía lo querían. Las manos continuaban arriba.

—Amigos míos —comentó el orador— han aprendido una valiosa lección:

No importa lo que le haga al billete, ustedes todavía lo quieren porque su valor no disminuyó, todavía vale doscientos pesos.

Muchas veces en la vida somos derribados, maltratados, mordemos el polvo debido a las decisiones que tomamos y a las circunstancias que encontramos en nuestro camino.

Entonces nos sentimos como si ya no valiéramos nada.

Pero no importa lo que les haya pasado o pueda pasar, ustedes nunca perderán su valor, igual que el billete de doscientos pesos. Siempre serán lo que son y valdrán lo que valen por ustedes mismos.

ANÓNIMO

UN HOMBRE DE ÉXITO

Un hombre de éxito sólo trabaja en lo que le gusta y hace lo que piensa que está bien.

No hace todo lo que quiere, sino lo que ama y le produce satisfacción, a condición de no dañar a otros.

El éxito auténtico se alcanza trabajando con honradez y respeto por los valores morales.

Disfruta con las cosas más simples: tomar un helado, devorar una torta, servirte unos tacos de flauta, sentarte en una banca para mirar pasar a la gente, recrearte con el aroma de las madreselvas floridas y el zigzagueo luminoso de las luciérnagas.

El hombre de éxito no pierde jamás la capacidad de soñar o de imaginar.

OCTAVIO COLMENARES VARGAS

URGENTE es que no se te vaya la vida en un soplo y que, cuando mires atrás, seas ya un anciano que no puede regresar el tiempo; que todo lo hizo urgente; que fue un gran empresario; que llenó su agenda de urgencias, citas y proyectos... pero dentro de todo... se le olvidó vivir.

ANÓNIMO

Buen viaje por la vida

Para tu recorrido por el viaje de la vida: ama, porque el
triunfo no es hacer lo que quieres, sino querer y disfrutar
lo que haces compartiéndolo con quienes amas.

Fórjate, cambia los fracasos por enseñanzas; intenta una
vez más cuantas veces sea necesario.

Trabaja para ser mejor sabiendo de antemano que no
podemos ser perfectos ni tener todo, porque aquí, aún no
es el paraíso.

Perdona y pide perdón para no perder los mejores años
de tu vida angustiándote por cuestiones que ya pasaron.

Aspira a crecer como persona y, al mismo tiempo,
aprende a vivir dentro de tus propios límites sin
resentimientos ni envidias.

Camina, practica algún deporte, ríe y ten un pasatiempo
para alejar de ti el aburrimiento y la soledad, y acercar el
optimismo y la alegría.

Arréglate, aunque la moda diga lo contrario, al
presentarte desaliñado te faltas al respeto a ti y a los
demás.

Acepta que el dinero no es el éxito y que para trascender
hay que emprender, crear, dar, ser mejor y amar.

No olvides que el ayer es sólo un sueño y, el mañana,
sólo una visión, pero el hoy bien vivido hace de todo ayer
un sueño de felicidad y, de cada mañana, una visión de
esperanza.

Cultiva la paz y el amor, la humildad y la paciencia,
la esperanza y la fe, sin olvidar comprometerte y
responsabilizarte. Así tendrás...

...un muy buen viaje por la vida.

ANÓNIMO

El CABALLO

Un campesino que luchaba con muchas dificultades
poseía algunos caballos que le ayudaban en los trabajos
de su pequeña hacienda.

Un día, su capataz le trajo la noticia de que uno de los
caballos había caído en un viejo pozo abandonado. El
pozo era muy profundo y sería extremadamente difícil
sacar el caballo de allí.

El campesino fue rápidamente hasta el lugar del
accidente y evaluó la situación, asegurándose de que el
animal no se hubiera lastimado. Pero, por la dificultad y
el alto precio para sacarlo del fondo del pozo, creyó que
no valía la pena invertir en la operación de rescate.

Tomó, entonces, la difícil decisión. Determinó que el
capataz sacrificara al animal tirando tierra en el pozo
hasta enterrarlo. Y así se hizo.

Los empleados, comandados por el capataz,
comenzaron a lanzar tierra adentro del pozo para cubrir
al caballo.

Pero, a medida que la tierra le caía al animal este la
sacudía. Así se fue acumulando en el fondo, y el caballo
pudo ir subiendo.

Los hombres se dieron cuenta de que el caballo no se
dejaba enterrar; al contrario, seguía subiendo hasta que
finalmente, consiguió salir.

Si estás allí abajo, sintiéndote poco valorado, y los otros
lanzan sobre ti la tierra de la incomprensión, la falta
de oportunidad y de apoyo, recuerda al caballo de esta
historia.

*No aceptes la tierra que tiraron sobre ti, sacúdela y sube sobre
ella.*
Y cuanto más tiran, más irás subiendo, subiendo, subiendo.

ANÓNIMO

Los obstáculos en nuestro camino

Hace mucho tiempo, un rey colocó una gran roca obstaculizando un camino; luego se escondió para ver si alguien quitaba la tremenda roca.

Algunos de los comerciantes más adinerados del rey y cortesanos vinieron y simplemente le dieron la vuelta.

Muchos culparon al rey de no mantener los caminos despejados, pero ninguno hizo algo para sacar la piedra grande del camino.

Entonces llegó un campesino, que llevaba una carga de verduras. Al aproximarse a la roca, puso su carga en el piso y trató de mover la roca a un lado del camino.

Después de empujar y fatigarse mucho, lo logró.

Mientras recogía su carga de verduras, él notó una cartera en el piso, justo donde había estado la roca. La cartera contenía muchas monedas de oro y una nota del mismo rey indicando que el oro era para la persona que removiera la piedra del camino.

El campesino aprendió lo que los otros nunca entendieron.

Cada obstáculo presenta una oportunidad para mejorar nuestra condición; *si alguna vez caes, levántate y sigue adelante.*

ANÓNIMO

Una persona perezosa es un reloj sin agujas; es inútil tanto si anda como si está parado.

ANÓNIMO

LOS MEXICANOS

Como mexicano, debes estar orgulloso de tus raíces.
Pero más aún, debes enorgullecer a tu país con tus
acciones de ciudadano honrado y responsable.

ROGER PATRÓN LUJÁN

GRACIAS, MÉXICO

Hace diez meses llegué desde Argentina a este hermoso país con el fin de estudiar en el Tecnológico de Monterrey. Lo que jamás imaginé fue que hoy, a punto de emprender mi regreso, todo fuera tan difícil.

Complejo es dejar físicamente un país tan bello y acogedor como México, donde siento haber echado raíces casi definitivas.

Difícil es separarme de tanta gente linda que me ha dado el privilegio de que me sienta un mexicano más.

Fácil es pensar que todo tiene un fin, mientras ese fin no se viva tan profundamente como yo lo estoy viviendo. Estas líneas tienen el objetivo de expresar mi infinito agradecimiento a la patria de todos ustedes, y si me permiten el atrevimiento, también la mía, porque la he adoptado como propia.

Me ha costado encontrar el medio para dejar plasmados mis sentimientos de gratitud para con el pueblo mexicano, estoy seguro de haberlo encontrado a través de la prensa, que me ha regalado el inmenso placer de que mis líneas se publiquen junto con las de grandes escritores.

Dejo con mis palabras solamente amor, tal vez no buena escritura, pero en definitiva, lo único que importa es expresarle a todos y cada uno de los mexicanos mi afecto inquebrantable, que llevaré conmigo y dejaré con ustedes.

Permítanme todos los mexicanos tomarlos prestados para insertarlos en mi corazón de manera definitiva.

GUSTAVO JAVIER SABAROTS VITALE

El escudo nacional

Me encontraba como todos los días, volando de un lado
a otro, entre nubes y paisajes, entre azules y carmines,
entre verdes y amarillos; el viento me ayudaba en mi
viajar constante.

El hambre me producía una especie de cosquilleo que me
obligaba a bajar a tierra para tomar breves descansos.
Tenía mucho apetito, pues ese día ya era tarde y no había
encontrado ninguna presa. Así que me posé en un nopal
espinoso y verde y me quedé pensando en mi pasado,
en mi presente y en mi futuro. Descendiente de una gran
familia de aves distribuida por todo el orbe, ahora me
encontraba sola y sin aliento.

Con seguridad, el resto de mi familia estaría
cómodamente instalada en algún nido cercano al cielo,
disfrutando de una liebre suculenta o de un apetitoso
cabrito, o tal vez, de una insípida perdiz, mientras yo
sufría por la escasez de manjares.

Pensaba en esos platillos deliciosos cuando, de repente,
apareció una rica serpiente al otro lado del lago. Yo, sin
perder ni un segundo, emprendí el vuelo hacia ella.

Cuando la tuve cerca, la ataqué con mi filoso y
ganchudo pico; la atrapé y regresé al nopal. Entonces,
comencé a saborearla.

En eso estaba cuando vinieron a mi mente recuerdos
imborrables: cuando era tan sólo un aguilucho recién
salido de un huevo blanquecino manchado de rojo. Mi
madre, un ave arpía con plumaje gris claro, me llevaba el
alimento, el mejor de la zona: una serpiente como ésta.

Entonces, cuando estaba en pleno banquete, unas voces
interrumpieron mis recuerdos; al verme, los indígenas me
señalaron con el dedo índice.

Asombrados, sus rostros se llenaron de alegría.

No comprendí por qué, y me olvidé de ellos; pero luego emprendí el vuelo por temor a que me dañaran; eso habría hecho cualquier otra águila en mi lugar.

Me posé en un árbol cercano y permanecí observándolos durante horas y horas, esperando a que se marcharan, pero esto nunca sucedió; se dedicaron a construir una gran ciudad, tarea que les llevó varios años.

Utilizaron una técnica muy rara para edificar sobre el agua formando una especie de islotes: las chinampas.

A todo le ponían nombre, y al lago le pusieron Texcoco. Observé también que tenían varios dioses. Para muchas cosas utilizaban un símbolo, una imagen donde yo estaba posada en el nopal devorando a la serpiente. Así fue como me hice famosa. También oí que el águila simboliza al Sol y al Cielo Diurno, y la serpiente a la Noche.

Ahora aparezco en distintas formas: de lado o de frente, con las alas extendidas o llevando en la cabeza una corona. Aparezco en las banderas y en las monedas, en los documentos importantes y hasta en la banda que porta el Presidente de la República.

Desde entonces soy la misma, la que encontraron los aztecas, el mismo símbolo que hoy representa dignamente al escudo nacional.

ANA JIMENA GARCÍA HERNÁNDEZ (*11 AÑOS*)

No se nos otorgará la libertad externa más que en la medida exacta en que hayamos sabido, en un momento determinado, desarrollar nuestra libertad interna.

MAHATMA GANDHI

CALIDAD HUMANA

En esta época todos hablan de calidad de productos,
de calidad de procesos, calidad de servicios, calidad
de sistemas... muy poca gente habla de calidad
humana, calidad de vida... y sin ella, todo lo demás es
apariencia, sin fundamento.

Hablar de calidad humana es cuidar nuestros
vínculos con los demás. Necesitamos rehacer
nuestros vínculos humanos.

De nada sirve trabajar de sol a sol en un lugar donde no
tenemos amigos y llegar cansados a un hogar en el que
nadie se interesa por saber cómo nos fue.

¿Para qué trabajar tanto si nos sentimos solos?

Es triste leer un libro y no tener a alguien con quien
comentarlo, es doloroso sentirse preocupado y no contar
con una persona a quien abrirle el corazón.

De nada vale estar frente a una cancha de tenis, de futbol
o frente a un juego de salón si no tenemos con quién
jugar, con quién disfrutar ese momento.

¿Para qué tener lo que no se puede compartir?

La magia de luchar por una prosperidad económica
estriba, ni más ni menos; en poder ver sonreír a alguien a
quien le damos el privilegio de disfrutar lo que ganamos.

Eso es parte de la naturaleza humana: dar, convivir, amar,
servir... ayudar.

¡Hazlo!

En muchas ocasiones estamos asustados, asustados de
lo que tal vez no podemos hacer; asustados de lo que
pensaría la gente si tratamos.

Permitimos que nuestros miedos se interpongan en nuestros sueños.

Decimos no, cuando queremos decir sí.
Murmuramos cuando queremos gritar.

Y después... después gritamos a quien no teníamos que hacerlo. ¿Por qué?

Después de todo, cruzamos por esta vida una sola vez, no hay tiempo para tener miedo.

Así que intenta...
intenta aquello que no has hecho, arriésgate, participa en la maratón, escribe aquella carta, enfréntate como ganador a las cosas cotidianas.

Baila, habla en contra de lo que no te gusta, visita pueblos que no conozcas, da ese beso que te provoca, no te quedes con el abrazo contenido ni la risa escondida, llámale y dile cuánto le amas.

El tiempo no regresa.
No tienes nada que perder y todo...
¡Todo que ganar!

ANÓNIMO

Débiles son mis pies, mi pasado incierto, perdí la huella de la caravana y me sorprendió la noche en el desierto pero, no importa, llegaré mañana.

LUIS GONZAGA URBINA

MI MÉXICO ESDRÚJULO

Yo, señora, vengo de un país que es triste
no obstante que canta y da lo que existe.

Un sabor antiguo, como una fragancia
de rojizo cedro, de tiempo y distancia...

México de vida, de amor y de muerte,
México que es áspero y es fino y es fuerte.

Mi México esdrújulo, silabeo violento,
en el que se juntan las voces del viento.

México promesa, herida, tatuaje,
canción y sonrisa, montaña y celaje.

México que cree, que sueña y que espera
y que es como un vino de vieja solera.

Yo, señora, os traigo un nopal indiano
con sus tunas rojas que aroman mi mano.

Y en vez de violetas o lirios de Flandes
el maíz y el trigo de mis tierras grandes.

Miel de mis magueyes, flores de mi plan
y laqueadas jícaras desde Michoacán.

Y de Tapachula, del Istmo Oaxaca
alegre marimba y plácida hamaca.

Una virgen india que en mi cielo brilla
hecha con estrellas, sándalo y vainilla.

Desde muy pequeño deletrear supe
su nombre sencillo y cordial: Guadalupe.

Y en Puebla y Jalisco que es tierra alfarera
se vuelcan los cántaros de la primavera.

Son sus puertos claros éxtasis de luz
¡Acapulco, Mazatlán y Veracruz!

El norte es desierto —montañas, pinares—
Con broncos corridos y recios cantares.

Os traigo los sueños que hilé yo en mis ruecas,
San Luis y Saltillo, Torreón, Zacatecas.

Un mestizo fuerte que baja a las minas,
Desjarreta toros, lanza crinolinas.

Y en las serenatas con canciones llora
Lo mismo en Querétaro, Morelia o Sonora.

Y flores del norte, del sur, del Bajío
Que alientan y viven en su mujerío.

Todo eso finca mi solar nativo.
Y otras muchas cosas de que estoy cautivo.

Sueños, alegrías me atan desde entonces.
A seres y aromas, estampas y bronces.

Empieza y acaba mi Patria en hechizo:
¡es México lumbre, flor y paraíso!

JESÚS FLORES AGUIRRE

La patria no es la tierra. Los hombres que la tierra nutre son la patria.

RABINDRANATH TAGORE

MADRE MEXICANA

Venimos aquí, grandes y pequeños, párvulos
y adultos, funcionarios, escritores, artistas y
periodistas, discípulos y maestros, a colocar la
primera piedra de un monumento que repetirá
el que cada uno de nosotros ha levantado, en el
interior de su corazón, madre mexicana, testimonio
humano, familiar y patético de la patria.

Y cuando digo que venimos aquí, grandes y
pequeños, discípulos y maestros, hablo en un
idioma que no es el tuyo, porque frente a ti —por
larga que sea la ruta que nos separe de la escuela
y de la niñez—, todos seguimos siendo discípulos,
aprendices de tu indulgencia, alumnos de tu
esperanza, pequeños eternamente ante tus lecciones
de piedad, de firmeza y de abnegación.

Patria, eres madre para todos, dondequiera que estés.

Viva en el hogar, distribuyendo los goces y sus labores,
atenuando las penas, venciendo las inquietudes y
ofreciendo a todos un afecto tan insondable que al
repartirse no se divide: se multiplica.

Patria, asimismo si yaces bajo la tierra, porque es
Patria el suelo glorioso en el que descansas.

Y Patria, Patria profunda es también la conciencia
en la que te guardamos todos aquellos que al
regresar de esta fiesta, ya no podremos comparar
con el símbolo que exaltamos una presencia
consoladora, fecunda, activa, sino el recuerdo de
una presencia, el tránsito de una sombra, el eco
íntimo de una voz, la imborrable memoria de
una caricia, y en el secreto de nuestras almas, la
validez de un ejemplar diáfano y sin rival.

Viva o muerta, igualmente, eres principio,
consejo, norma.

Dentro de nuestros actos, como la semilla en la fruta, como el esqueleto en el cuerpo, bajo la apariencia de lo que llamamos nuestro entusiasmo, nuestra voluntad, nuestro esfuerzo, tú permaneces. Guía constante, cada vez que avanzamos, te continuamos.

Cuanto más penetramos en nuestra presencia, más completa y más claramente te descubrimos, pues, por mucho que el hombre ascienda no habrá triunfado si no es triunfo digno de una madre que no halle en él un motivo auténtico digno de confianza para el bien de la vida que da a otro ser.

Y al contrario, cuando en medio de los errores y en las luchas olvidamos tus enseñanzas, solemos volver los ojos a tu tristeza o el pensamiento a la imagen de tu verdad, comprendemos que aquellas luchas y esos errores son armas con que te herimos, ya que tú no puedes, madre, querer que sean tus herederos hermanos violentos e inconciliables. Y en esas horas el remordimiento se hace promesa: la de merecer tu excelencia por la virtud.

Aquí, en este sitio, tu estatua se erigirá. Metales y piedras de México se combinarán para dar una visible prueba de la veneración que sentimos para todas las mujeres de la República. ¡Que nada turbe tu encarnación dentro de la forma con que el cincel mexicano te presente! Y que desde ese pedazo de cielo que ocupará tu figura imperecedera, no veas nunca mancharse a tus hijos con la sangre ferviente de sus iguales.

¡Porque tú, madre mexicana, sabes mejor que nadie, mejor que nosotros mismos, que no hay lugar para los rencores en la existencia de un pueblo justo y que la grandeza y la dicha de la nación están reclamando lo que tú pides, menos tal vez con tus brazos que con tus lágrimas: nuestra libre, sincera, definitiva, generosa y honrada fraternidad!

Anónimo

CONSEJOS PARA EL NUEVO MILENIO

Ten en cuenta que el gran amor y los grandes
logros requieren grandes riesgos.

Cuando pierdes, no pierdes la lección.

Sigue las tres R:
    Respeto a ti mismo.
    Respeto para los otros.
    Responsabilidad sobre todas tus acciones.

Recuerda que no conseguir lo que quieres a veces
significa un maravilloso golpe de suerte.

Aprende las reglas, así sabrás cómo romperlas
apropiadamente.

Ocupa algo de tiempo cada día en estar solo.

Recuerda que a veces el silencio es la mejor respuesta.

Vive una buena y honorable vida, así cuando seas
mayor y mires atrás podrás disfrutarla por segunda
vez.

En discusiones con algún ser querido, ocúpate sólo
de la situación actual, no saques a relucir el pasado.

Abre tus brazos al cambio, pero no te olvides de
tus valores.

Juzga tu éxito según lo que has sacrificado
para conseguirlo.

Cuando creas que has cometido un error, haz algo
inmediatamente para corregirlo.

No permitas que una pequeña disputa destruya
una gran amistad.

Una vez al año, ve a algún lugar en el que nunca
hayas estado antes.

Sé considerado con la tierra.

Una atmósfera amorosa en tu casa es el cimiento para tu vida.

Comparte tu conocimiento; es una manera de conseguir inmortalidad.

Recuerda que la mejor relación es aquella en la que el amor por cada uno excede la necesidad por el otro.

Acércate al amor y a la cocina con osada entrega.

DALAI LAMA

Podrán arrancar al hombre de su país, pero no podrán arrancar el país del corazón del hombre.

JOHN DOS PASSOS

Si hay luz en el alma, habrá belleza en la persona;
si hay belleza en la persona, habrá armonía en el hogar;
si hay armonía en el hogar, habrá orden en la nación;
si hay orden en la nación, habrá paz en el mundo.

PROVERBIO CHINO

COMUNICACIÓN CON DIOS

No hay nada que con fe no puedas realizar.

Todas tus metas, tus sueños, anhelos,
pueden ser materializados si conjugas el esfuerzo,
la dedicación y la esperanza; el empeño que pongas
para encaminar tu fe, es lo que cuenta.

ROGER PATRÓN LUJÁN

LEYENDA SOBRE UNA ALEGORÍA BÍBLICA

Una antigua leyenda judía habla de dos hermanos.

Uno había sido bendecido con esposa e hijo, el otro no.

El primero pensaba: Yo tengo una familia que me podrá ayudar cuando sea mayor, en cambio mi hermano está solo...

Voy a favorecerlo llevándole una paca de trigo o avena cada noche sin que él se dé cuenta.

El otro pensaba: Yo vivo solo, no necesito tantos alimentos, voy a favorecerlo llevándole cada noche un bulto de cereales mientras él duerme.

Así pasaron varios años en que se apoyaron mutuamente sin darse cuenta... Una noche, ambos hermanos se encontraron a la mitad del camino. Los dos comprendieron lo que el otro estaba haciendo y conmovidos se dieron un fraternal abrazo.

Dios dijo:

En ese lugar donde los dos hermanos se abrazaron quiero que sea construida mi casa.

Éste es el monte del Templo de Salomón, en Jerusalén.

ANÓNIMO

LAS CUATRO ESPOSAS

Había una vez un rey que tenía cuatro esposas. Él amaba
a su cuarta esposa más que a las demás y la adornaba con
ricas vestiduras y la complacía con las delicadezas más
finas. Sólo le daba lo mejor.

También amaba mucho a su tercera esposa y siempre
la exhibía en los reinos vecinos. Sin embargo, temía que
algún día ella se fuera con otro.

También amaba a su segunda esposa. Ella era su confidente y
siempre se mostraba bondadosa, considerada y paciente con
él. Cada vez que el rey tenía un problema, confiaba en ella
para ayudarle a salir de los tiempos difíciles.

La primera esposa del rey era una compañera muy leal y
había hecho grandes contribuciones para mantener tanto
la riqueza como el reino del monarca.

Sin embargo, él no amaba a su primera esposa y aunque
ella le amaba profundamente, él apenas si se fijaba en ella.

Un día, el rey enfermó y se dio cuenta de que le quedaba
poco tiempo. Pensó acerca de su vida de lujo y caviló:
Ahora tengo cuatro esposas conmigo pero, cuando muera,
estaré solo.

Así que le preguntó a su cuarta esposa: Te he amado más
que a las otras, te he dotado con las mejores vestimentas
y te he cuidado con esmero. Ahora que estoy muriendo,
¿estarías dispuesta a seguirme y ser mi compañía?

—¡Ni pensarlo! —contestó la cuarta esposa y se
alejó sin decir más. Su respuesta penetró en su
corazón como un cuchillo. El entristecido monarca le
preguntó a su tercera esposa: Te he amado toda mi
vida. Ahora que estoy muriendo, ¿estarías dispuesta
a seguirme y ser mi compañía?

—¡No! —contestó su tercera esposa— ¡La vida es demasiado
buena!, ¡cuando mueras, pienso volverme a casar!

Su corazón experimentó una fuerte sacudida y se quedó frío. Entonces preguntó a su segunda esposa: Siempre he venido a ti por ayuda y siempre has estado allí para mí. Cuando muera, ¿estarías dispuesta a seguirme y ser mi compañía?

—¡Lo siento, no puedo ayudarte esta vez!— contestó la segunda esposa—. Lo más que puedo hacer por ti es enterrarte.

Su respuesta vino como un relámpago estruendoso que devastó al rey. Entonces escuchó una voz: Me iré contigo y te seguiré dondequiera que tú vayas.

El rey dirigió la mirada en dirección de la voz y allí estaba su primera esposa. Se veía tan delgaducha, y alicaída. Profundamente afectado, el monarca dijo: ¡Debía haberte atendido mejor cuando tuve la oportunidad de hacerlo!

En realidad, todos tenemos cuatro esposas en nuestra vida. Nuestra cuarta esposa es nuestro cuerpo. No importa cuánto tiempo y esfuerzo invirtamos en hacerlo lucir bien, nos dejará cuando muramos.

La tercera esposa son nuestras posesiones, condición social y riquezas. Cuando muramos, pasarán a otro.

Nuestra segunda esposa es nuestra familia y amigos. No importa cuánto nos hayan servido de apoyo aquí, lo más que podrán hacer es acompañarnos hasta el sepulcro.

Y nuestra primera esposa es nuestra alma. Frecuentemente ignorada en la búsqueda de fortuna, de poder y los placeres del ego. Sin embargo, nuestra alma es la única que nos acompañará dondequiera que vayamos.

¡Así que, cultívala, fortalécela y cuídala ahora! Es el más grande regalo que puedes ofrecerle al mundo. ¡Déjala brillar!

ANÓNIMO

ALMUERZO CON DIOS

Un niño pequeño quería conocer a Dios. Sabía que era un largo viaje hasta donde Dios vive, así que empacó su maleta con pastelillos de chocolate con relleno de mermelada y un paquete de seis refrescos de naranja, y empezó su jornada.

Cuando había caminado como tres cuadras, se encontró con una mujer anciana. Estaba sentada en el parque, contemplando algunas palomas. El niño se sentó junto a ella y abrió su maleta.

A punto de beber de su refresco, notó que la anciana parecía hambrienta, así que le ofreció un pastelillo. Ella agradecida lo aceptó y le sonrió. Su sonrisa era muy bella, tanto que el niño quería verla de nuevo, así que le ofreció uno de sus refrescos. De nuevo ella le sonrió.

¡El niño estaba encantado! Se quedó toda la tarde comiendo y sonriendo, pero ninguno de los dos dijo nunca una sola palabra.

Mientras oscurecía, el niño se percató de lo cansado que estaba, se levantó para irse, pero antes de seguir sobre sus pasos, dio vuelta atrás, corrió hacia la anciana y le dio un abrazo. Ella, después de abrazarlo, le dio la más grande sonrisa de su vida. Cuando el niño llegó a su casa, abrió la puerta... su madre estaba sorprendida por la cara de felicidad. Entonces le preguntó:

—Hijo, ¿qué hiciste hoy que te hizo tan feliz?

—Él contestó:

—¡Hoy almorcé con Dios! —y añadió—. Y ¿sabes qué?, ¡tiene la sonrisa más hermosa que he visto!

Mientras tanto, la anciana, también radiante de felicidad, regresó a su casa. Su hijo se quedó sorprendido por la expresión de paz en su cara, y preguntó:

—Mamá, ¿qué hiciste hoy que te ha puesto tan feliz?

La anciana contestó:

—¡Comí pastelillos con Dios en el parque!... y antes de que su hijo respondiera, añadió: Y ¿sabes?, ¡es más joven de lo que pensaba!

Muy seguido, no le damos importancia al poder del abrazo, la palmada en la espalda, una sonrisa, una palabra de aliento, un oído que te escucha, un cumplido honesto, o el acto más pequeño de preocupación... Todos esos detalles que tienen el potencial de cambiar la vida, o de darle un gran giro.

Las personas llegan a nuestra vida por una razón, ya sea por una temporada o para toda una vida.

Seguramente habrá personas que hayan tocado tu vida de una forma especial, en una situación u otra, en una parte de tu existencia o en tu vida entera: familiares, amigos de la infancia, amigos de siempre, compañeros de trabajo, o personas con las cuales tienes contacto, aunque tal vez no frecuentes... ¡o no conozcas!

Déjales saber qué tan importantes son para ti, y almuerza con Dios de vez en cuando. El espíritu del ser humano es más fuerte que cualquier cosa que te pueda suceder.

¡Recíbelos a todos por igual!

Anónimo

Del tamaño de tu fe será el tamaño de tu respuesta.

Anónimo

Preciso es encontrar lo infinitamente grande en lo infinitamente pequeño, para sentir la presencia de Dios.

Pitágoras

REPORTÁNDOME

Una vez, un sacerdote estaba dando un recorrido por
la iglesia al mediodía... Al pasar por el altar, decidió
quedarse cerca para ver quién había venido a rezar.

En ese momento se abrió la puerta, el sacerdote frunció
el entrecejo al ver a un hombre que se acercaba por el
pasillo.
El hombre estaba sin afeitar desde hacía varios días, vestía
una camisa rasgada, tenía el abrigo gastado con los bordes
deshilachados. El hombre se arrodilló, inclinó la cabeza,
luego se levantó y se fue.

Durante los siguientes días el mismo hombre, siempre
al mediodía, entraba en la iglesia cargando una maleta...
se arrodillaba brevemente y luego volvía a salir. El
sacerdote, un poco temeroso, empezó a sospechar que
se tratase de un ladrón, por lo que un día se puso en la
puerta de la iglesia y cuando el hombre se disponía a salir
le preguntó:

—¿Qué haces aquí?

El hombre dijo que trabajaba cerca y tenía media hora
libre para el almuerzo y aprovechaba ese momento para
rezar:

—Sólo me quedo unos instantes, sabe, porque debo
regresar a la fábrica, así que sólo me arrodillo y digo:

Señor, sólo vine nuevamente para contarte cuán feliz me
haces cuando me liberas de mis pecados...
no sé muy bien rezar, pero pienso en Ti todos los días...
así que Jesús, éste es Jaime reportándose.

El padre, sintiéndose un tonto, le dijo a Jaime que
estaba bien y que era bienvenido a la iglesia cuando
quisiera. El sacerdote se arrodilló ante el altar, sintió
derretirse su corazón con el gran calor del amor y
encontró a Jesús. Mientras lágrimas corrían por sus
mejillas, en su corazón repetía la plegaria de Jaime:

Sólo vine para decirte, Señor, cuán feliz fui desde que te encontré a través de mis semejantes y me liberaste de mis pecados... no sé muy bien cómo rezar, pero pienso en ti todos los días... Así que Jesús, soy yo reportándome.

Cierto día, el sacerdote notó que el viejo Jaime no había venido. Los días pasaron sin que Jaime volviese para rezar.

Continuaba ausente, por lo que el padre comenzó a preocuparse, hasta que un día fue a la fábrica a preguntar por él. Le dijeron que estaba enfermo, que pese a que su estado era delicado, los médicos creían que lograría sobrevivir.

La semana que Jaime estuvo en el hospital trajo muchos cambios, él sonreía todo el tiempo y su alegría era contagiosa.

La enfermera en jefe no podía entender por qué Jaime estaba tan feliz, ya que nunca había recibido ni flores, ni tarjetas, ni visitas.

El sacerdote se acercó al lecho de Jaime con la enfermera y ésta le dijo, mientras él escuchaba:

—Ningún amigo ha venido a visitarlo, él no tiene a quien recurrir.

Sorprendido, el viejo Jaime dijo con una sonrisa:

—La enfermera está equivocada... Ella no sabe que todos los días, desde que llegué aquí, a mediodía, un querido amigo mío viene, se sienta aquí en la cama, me agarra de las manos, se inclina sobre mí y me dice:

Sólo vine para decirte, Jaime, cuán feliz fui desde que encontré tu amistad y te liberé de tus pecados.
Siempre me gustó oír tus plegarias, pienso en ti cada día.

Así que Jaime, éste es Jesús reportándose.

Anónimo

Dios no patrocina fracasos

¿Sabes qué se necesita para ser mamá?

Podrías darme argumentos como: para ser mamá primero
se necesita ser responsable, tener madurez intelectual y
física, planificar bien, etcétera.

Pero la verdad, básicamente lo que se necesita para ser mamá
es un papá. ¿Cierto? Bien ahora que ya sabemos lo que se
necesita para ser mamá, dime, ¿cómo se hace un bebé?

Para nadie es un secreto que para engendrar un bebé
ambos padres aportan células importantes: ¿Cuáles son?...
¡correcto! La madre aporta algo que se llama óvulo y el
papá aporta algo que se llama esperma en el cual viajan los
espermatozoides. Ahora bien, luego de esta introducción...
dime ahora... ¿cuántos espermatozoides compiten para llegar
al óvulo de la madre?... uno, dos, diez,... ¿cuántos? ¡correcto!
...millones, tras millones, tras millones.

¿Hasta aquí estamos de acuerdo? Correcto, ahora dime...
de esos millones que compiten, ¿cuántos fecundan el óvulo?

¿Medio millón, diez, doce, cinco?... dime... ¿cuántos?,
permíteme recordártelo ¡Uno! El más capaz, el más
rápido, el más fuerte, el que le ganó a esos millones.

¿Sabes? En esa carrera no hay premio para el segundo lugar;
es decir, de millones sólo uno alcanza el premio de la vida, el
campeón o la campeona. Es decir... tú. Desde el momento en
que eres concebido en el vientre de tu madre ya traes la casta
de campeón o campeona, ya eres un ganador.

¡Dios no patrocina fracasos!

Si, Dios es el Señor de la vida y quiso darte ese don, no es por
un azar de la vida, tampoco porque falló un anticonceptivo,
es porque él tiene un plan maravilloso para ti.

Por eso, cuando tú dices: yo no sirvo para nada, yo no sé
por qué nací, yo soy lo peor, soy basura ...estás ofendiendo a
Dios, porque Él te hizo a su imagen y semejanza.

Dios no hace basura. ¡Eres importante, eres especial!

Hubo un momento en el que creías que la tristeza sería eterna; pero volviste a sorprenderte a ti mismo riendo sin parar.

Hubo un momento en el que dejaste de creer en el amor, y luego apareció esa persona y no pudiste dejar de amarla cada día más.

Hubo un momento en el que la amistad parecía no existir; y conociste a ese amigo que te hizo reír y llorar, en los mejores y en los peores momentos.

Hubo un momento en el que estabas seguro que la comunicación con alguien se había perdido; y fue luego cuando el cartero visitó el buzón de tu casa.

Hubo un momento en que un examen parecía imposible de pasar; y hoy es un examen más que aprobaste en tu carrera.

Hubo un momento en el que dudaste de encontrar un buen trabajo; y hoy puedes darte el lujo de ahorrar para el futuro.

Hubo un momento en el que creíste que nadie podía comprenderte; y te quedaste boquiabierto cuando alguien parecía leer tu corazón.

Así como hubo momentos en que la vida cambió en un instante, nunca olvides que aún habrá momentos en que lo imposible se tornará en sueño hecho realidad.

Nunca dejes de soñar, porque soñar es el principio de un sueño hecho realidad.

Recuerda: todo lo que sucede, sucede por una razón.

ANÓNIMO

PETICIÓN

Querido Dios:

Necesité once días para escribirte esta carta.

En ese tiempo me hice varias preguntas... incluso estaba medio molesta. Yo me preguntaba ¿por qué?... y al pasar los días, en las misas descubrí que la pregunta que me tenía que hacer no era: ¿por qué?, sino: ¿para qué?

Tú siembras en nosotros la semilla de la vida, y nos toca a las madres cuidar esa semilla. Tú paciente observas desde el cielo nuestro trabajo, y cuando ves que el fruto es bueno, lo cosechas.

Me acordaba en estos días cuánto duele dar a luz... pero es un dolor que olvidas y del que no guardas rencor porque en seguida abrigamos con nuestros brazos y el pecho ese fruto de tu amor infinito. Debo decirte que, tan doloroso es dar a luz, como cuando se apaga la misma.

También este dolor es terrible y, después de un tiempo, lo olvidas y tampoco guardas rencor porque te acuerdas que sólo eran prestados... que tenías que recoger tu cosecha.

Con ellos te llevaste algunos de nuestros sueños e ilusiones, pero bien que nos tenías escogidos a todos.

Me queda claro que nuestros hijos eran los mejores representantes del mundo que enfrentamos diariamente, y tú los tomas como el estandarte del movimiento que generarían estos acontecimientos.

¡Con ellos nos sacudiste a todos y nos pediste que despertemos!

Que dejemos de ser indiferentes ante la violencia, la corrupción, que los padres se acerquen a sus hijos, los hijos y sus padres, los amigos distanciados y las familias se perdonen y se abracen.

Señor: Estás en nosotros, frente, junto, arriba y atrás de nosotros. En las cosas más sencillas, en los niños, en el cielo y en la tierra... y a veces no te vemos, porque sólo ponemos nuestros ojos en las cosas materiales.

Daniela, Ricardo, Lorena y Víctor fueron elegidos como ejemplo de amistad. Cada uno era diferente.

Tenían, como todos, cualidades y defectos. Pero sabías que por ser tan jóvenes iban a conmover los corazones de los abuelos, de los papás, de los hermanos, de los maestros, de los amigos, de los niños... y hasta de las mascotas que los conocían.

Hoy, once días después de todo, me siento orgullosa de ser la mamá de Daniela y Ricardo y más que amiga de Lorena y Víctor, porque aun quitándome tanto, me has devuelto más que eso.

En cada abrazo recibido, en cada lágrima compartida me das tanto de Ti... y no me puedo quedar triste.

Me siento comprometida contigo a resucitar la Fe de quienes la tienen dormida, a tomar conciencia de que quienes estamos vivos tenemos que rescatar los valores perdidos.. que nada se da por casualidad.

Hemos visto formarse cadenas de unión, de amor...

Nuestros Ángeles nos piden que no las rompamos sino las extendamos. Ellos serán la luz, y Tú, Señor, el guía.

No permitas que alguien se quede indiferente ante estos hechos. Lo que sucedió hace once días es claro.

No fue un accidente. ¡Fue un acontecimiento!

¡Gracias, Señor, por dejarnos ser parte de este acontecimiento!

YOLANDA MARTÍNEZ GONZÁLEZ

(SUS DOS HIJOS Y SUS DOS MEJORES AMIGOS FALLECIERON EN TRÁGICO ACCIDENTE)

MADUREZ

La madurez es para el hombre que está dispuesto a perdonar los errores de los demás y a su vez aprende de los mismos para no volver a caer en ellos.

ROGER PATRÓN LUJÁN

Nuestro destino, nosotros mismos

Nunca te quejes de nadie, ni de nada, porque
fundamentalmente tú has hecho lo que querías en tu vida.
Acepta la dificultad de edificarte a ti mismo y el valor de
empezar corrigiéndote.

El triunfo del verdadero hombre surge de las cenizas de su
error. Nunca te quejes de tu soledad o de tu suerte, enfréntala
con valor y acéptala. De una manera u otra es el resultado de
tus actos y prueba que tú siempre has de ganar.

No te amargues de tu propio fracaso ni se lo cargues a
otro, acéptate ahora o seguirás justificándote como un
niño.

Recuerda que cualquier momento es bueno para
comenzar y que ninguno es tan terrible para claudicar. No
olvides que la causa de tu presente es tu pasado, así como
la causa de tu futuro será tu presente.

Aprende de los audaces, de los fuertes, de quien no acepta
situaciones, de quien vivirá a pesar de todo; piensa menos
en tus problemas y más en tu trabajo; de esta manera, tus
problemas, sin eliminarlos, morirán.

Aprende a nacer desde el dolor y a ser más grande que
el más grande de los obstáculos; mírate en el espejo de ti
mismo y serás libre y fuerte, y dejarás de ser un títere de
las circunstancias porque tú mismo eres tu destino.

Levántate y mira el sol por las mañanas y respira la luz
del amanecer. Tú eres parte de la fuerza de tu vida.

Ahora despiértate, lucha, camina, decídete y triunfarás en
la vida; nunca pienses en la suerte, porque la suerte es el
pretexto de los fracasados.

Anónimo

ACTITUD

La pequeña, bien perfumada y orgullosa anciana de 92 años,
completamente vestida a las ocho en punto, con su cabello
arreglado a la moda y el maquillaje perfectamente aplicado,
aunque es legalmente ciega, se muda hoy a un asilo.

Su esposo de 95 años murió recientemente, lo que
motivó la mudanza. Después de dos horas de esperar
pacientemente en el recibidor del asilo, sonrió dulcemente
cuando se le dijo que su cuarto estaba listo.

Mientras se desplazaba lentamente, le di una descripción
detallada de su pequeño cuarto, incluyendo las cortinas
que colgaban de su ventana.

—Me encanta —afirmó con el entusiasmo de un niño
de ocho años al que le acaban de entregar una nueva
mascota.

—Señora Juárez, no ha visto el cuarto... espere.

—Eso no importa —respondió.

La felicidad es algo que decides con el tiempo.

Si me gusta o no mi cuarto no depende de cómo estén
arreglados los muebles, depende de cómo arregle mi
mente.

Ya decidí que me gusta, es una decisión que hago cada
mañana cuando me levanto. Tengo la elección, puedo
pasar el día en la cama, repasando la dificultad que tengo
con las partes de mi cuerpo que no funcionan o salir de la
cama y estar agradecida por las partes que sí funcionan.

Cada día es un regalo, y mientras se abran mis ojos,
me enfocaré en el nuevo día y los recuerdos felices que
he almacenado... sólo por esta vez en mi vida.

La vejez es como una cuenta de banco...
tú retiras de ella lo que has depositado.

Así que mi consejo sería que deposites una gran cantidad de felicidad en la cuenta de tu memoria.

Gracias a Dios, todavía hago depósitos para llenar mi banco de memoria.

ANÓNIMO

No hemos de preocuparnos de vivir largos años, sino de vivirlos satisfactoriamente; porque vivir largo tiempo depende del destino, vivir satisfactoriamente de tu alma.

La vida es larga si es plena; y se hace plena cuando el alma ha recuperado la posesión de su bien propio y ha transferido a sí el dominio de sí mismo.

SÉNECA

La sabiduría no es otra cosa que la medida del espíritu, es decir, la que nivela al espíritu para que no se extralimite ni se estreche.

SAN AGUSTÍN

Las lágrimas son las palabras del alma, la voz del sentimiento.

ANÓNIMO

APRENDIZAJE

He aprendido...
>que la felicidad no se da por largos periodos,
>pero que cuando la tienes puede parecer
>eterna si la sabes disfrutar.

He aprendido...
>que me está tomando mucho tiempo llegar a
>ser la persona que quiero ser.

He aprendido...
>que no puedes hacer que alguien te ame.
>Todo lo que puedes hacer es ser alguien
>amoroso. El valorarte depende de los demás.

He aprendido...
>que no importa cuánto me preocupe o
>interese por la gente, algunas personas
>simplemente no actúan recíprocamente.

He aprendido...
>que toma años ganar la confianza y sólo
>segundos destruirla.

He aprendido...
>que lo que cuenta no es lo que tienes en la
>vida, sino a quién tienes en tu vida.

He aprendido...
>que puedes arreglártelas a base de encanto
>durante quince minutos, pero después de eso es
>mejor que también tengas algún conocimiento.

He aprendido...
>que no debes compararte con lo mejor
>o lo peor de los otros. Lo primero sería
>humillante y lo segundo presuntuoso.

He aprendido...
>que en un instante puedes hacer algo que
>hará doler tu corazón el resto de tu vida.

He aprendido...

    que un buen amigo evita lastimarte con
    sus comentarios, pero jamás se callará una
    verdad que, aunque duela, te evite el daño
    que alguien más te pueda causar.

He aprendido...

    que siempre debes despedirte de los seres
    queridos con palabras amorosas, porque
    puede ser la última vez que los veas.

He aprendido...

    que siempre puedo seguir adelante mucho
    después de que pensaba que ya no podía.

He aprendido...

    que somos responsables por lo que hacemos,
    no importa cómo nos sintamos.

He aprendido...

    que no importa cuánto la gente trate de
    proteger a sus hijos, ellos eventualmente se
    lastimarán y sus padres se verán lastimados
    en el proceso, pero todos se harán fuertes y
    cada cual tendrá y aprenderá de sus propias
    experiencias.

He aprendido...

    que la madurez tiene mucho que ver con la
    clase de experiencia que has tenido y con
    lo que has aprendido de ella, y poco con la
    cantidad de cumpleaños que has celebrado.

He aprendido...

    que independientemente de lo bueno que
    sea un amigo, habrá momentos en que me
    hiera y si, verdaderamente es mi amigo, debo
    perdonarlo por eso.

He aprendido...

    que los títulos en una pared no te hacen un
    buen ser humano.

He aprendido...

    que nuestros antecedentes y circunstancias
    pueden haber influido en lo que somos, pero
    somos totalmente responsables por lo que
    lleguemos a ser.

He aprendido...

    que me hace mucho más feliz dar que recibir,
    y cuando recibo soy feliz porque significa
    que lo sembrado da frutos.

He aprendido...

    que amar a alguien significa escuchar,
    descifrar y recordar todo aquello que es
    importante para ese alguien.

He aprendido...

    que no tenemos que cambiar de amigos si llegamos a
    entender que los amigos cambian.

He aprendido...

    que aun cuando pienses que ya no tienes
    nada más que dar, si un amigo te pide ayuda
    encontrarás la fuerza para dársela.

He aprendido...

    que defender aquello en lo que crees es la
    mejor forma de mostrar tus convicciones y
    cumplir tus ideales.

He aprendido...

    que amar a alguien no significa decir a todos
    siempre que sí.

He aprendido...

    que quien no valora la lealtad, la fidelidad y la
    verdad no puede ser ni leal, ni fiel, ni sincero.

He aprendido...

    que mi familia es y seguirá siendo lo más importante;
    no me fallará y espero no fallarle.

ANÓNIMO

AMOR QUE PERDURA

Alguien le preguntó a Paul Newman cómo explicaba
su largo matrimonio, que había durado ya 40 años.
Respondió el conocido actor de cine:

> Al principio nos mantuvo juntos la atracción
> de los sentidos. Después el respeto mutuo,
> luego la perseverancia.
>
> Muchas veces fue el perdón lo que salvó
> nuestro matrimonio. Pero, por encima de
> todo, se lo debemos al amor, un amor que es
> más grande hoy que al principio.

En esas palabras cabe un curso de relación matrimonial.

Amor sensual convertido después en hondo amor de espíritu
que ni siquiera necesita palabras para manifestarse.
Respeto y perseverancia...
Y perdón hasta el final.

El hombre y la mujer que se dan eso quedan ya juntos
para siempre, y en este caso la palabra "siempre" se
llama eternidad.

ARMANDO FUENTES AGUIRRE

Cuando el sol se eclipsa para desaparecer, se ve mejor su grandeza.

SÉNECA

*La naturaleza benigna provee de manera que en cualquier parte halles
algo que aprender.*

LEONARDO DA VINCI

MADURAR ES OPCIONAL

El primer día en la universidad nuestro profesor se
presentó y nos pidió que procuráramos llegar a conocer a
alguien a quien no conociéramos todavía.

Me puse de pie y miré a mi alrededor, cuando una mano
me tocó suavemente el hombro.

Me di la vuelta y me encontré con una viejita arrugada
cuya sonrisa le alumbraba todo su ser.

—Hola, buen mozo. Me llamo Rosa. Tengo ochenta y siete
años. ¿Te puedo dar un abrazo?

Me reí y le contesté con entusiasmo:

—¡Claro que puede! Ella me dio un abrazo muy fuerte.

—¿Por qué está usted en la universidad a una edad tan
temprana, tan inocente? —le pregunté—. Riéndose, contestó:

—Estoy aquí para encontrar un marido rico, casarme,
tener unos dos hijos, y luego jubilarme y viajar.

—Se lo digo en serio —le dije—. Quería saber qué le había
motivado a ella a afrontar ese desafío a su edad.

—Siempre soñé con tener una educación
universitaria y ahora la voy a tener —me dijo.

Después de clases caminamos al edificio de la asociación
de estudiantes y compartimos un batido de chocolate.
Nos hicimos amigos enseguida. Todos los días durante
los tres meses siguientes salíamos juntos de la clase y
hablábamos sin parar. Me fascinaba escuchar a esta
"máquina del tiempo". Ella compartía su sabiduría y
experiencia conmigo.

Durante ese año, Rosa se hizo muy popular en la
universidad; hacía amistades a donde iba. Le encantaba
vestirse bien y se deleitaba con la atención que recibía de
los demás estudiantes. Se lo estaba pasando de maravilla.

Al terminar el semestre invitamos a Rosa a hablar en nuestro banquete de futbol. No olvidaré nunca lo que ella nos enseñó en esa oportunidad.

Luego de ser presentada, subió al podio. Cuando comenzó a pronunciar el discurso que había preparado de antemano, se le cayeron al suelo las tarjetas donde tenía los apuntes.

Frustrada y un poco avergonzada se inclinó sobre el micrófono y dijo simplemente:

—Disculpen que esté tan nerviosa. Dejé de tomar cerveza por cuaresma y ¡este whisky me está matando! No voy a poder volver a poner mi discurso en orden, así que permítanme simplemente decirles lo que sé.

Mientras nos reíamos, ella se aclaró la garganta y comenzó:

No dejamos de jugar porque estamos viejos;
nos ponemos viejos porque dejamos de jugar.
Hay sólo cuatros secretos para mantenerse joven,
ser feliz y triunfar.

Tenemos que reír y encontrar el buen humor
todos los días. Tenemos que tener un ideal.
Cuando perdemos de vista nuestro ideal,
comenzamos a morir.

¡Hay tantas personas caminando por ahí que están
muertas y ni siquiera lo saben!

Hay una gran diferencia entre hacerse viejo y
madurar.

Si ustedes tienen diecinueve años y se quedan en la
cama un año entero sin hacer nada productivo se
convertirán en personas de veinte años.

Si yo tengo ochenta y siete años y me quedo en la
cama durante un año sin hacer nada tendré ochenta
y ocho años.

Todos podemos envejecer.
No se requiere talento ni habilidad para ello.
Lo importante es que maduremos encontrando
siempre la oportunidad en el cambio.

No me arrepiento de nada. Los viejos
generalmente no nos arrepentimos de lo
que hicimos sino de lo que no hicimos.
Los únicos que temen a la muerte son los
que tienen remordimientos.

Terminó su discurso cantando *La Rosa*. Nos pidió que
estudiáramos la letra de la canción y la pusiéramos en
práctica en nuestra vida diaria.

Rosa terminó sus estudios. Una semana después de la
graduación, Rosa murió tranquilamente mientras dormía.

Más de dos mil estudiantes universitarios asistieron a las
honras fúnebres para rendir tributo a la maravillosa mujer
que les enseñó con su ejemplo que nunca es demasiado
tarde para llegar a ser todo lo que se puede ser.

No olviden que:

Envejecer es obligatorio, madurar es opcional.

ANÓNIMO

Los años arrugan la piel, pero renunciar al entusiasmo arruga el alma.

ALBERT SCHWEITZER

Valeroso

Tuve los deseos de amar con locura.
De ser valeroso, inteligente e ingenioso.
De ser feliz en la soledad, de sonreír siempre.

Y de que cuando perdiera la risa,
el llanto me devolviera la cordura y la entereza.

Todo esto ya no lo logré pero he sido feliz, pues aun
ahora ya viejo vivo con la fuerza de mis recuerdos, y
pienso que en el futuro me puede pasar todo lo que
aún no me sucede para asombro de mi vida.

Quise vivir bajo la mirada de Dios.
Sin perderla aun en los momentos de mayor tristeza,
pues siempre tuve a la paciencia como mi mejor aliada.

Conocí el placer que da ser generoso,
y la paz de los que no esperan nada como recompensa.

Entendí mis momentos de pesadumbre,
y creo que con frecuencia supe acompañar las penas ajenas.

Ahora tengo el deseo, la fe de una vida eterna,
y la calma que tal fe me concede.

Agustín Guevara Alas

*El futuro más brillante siempre se basará en un pasado que se olvida,
porque no te irá bien en la vida sino hasta que dejes atrás tus fracasos
y tus penas.*

Anónimo

PAZ PERFECTA

Había una vez un rey que ofreció un gran premio al
artista que pudiera captar en la pintura la paz perfecta.

Muchos artistas intentaron. El rey observó y admiró
todas las obras, pero solamente hubo dos que realmente
le gustaron y tuvo que escoger entre ellas. La primera
era un lago muy tranquilo, un espejo perfecto donde se
reflejaban las plácidas montañas que lo rodeaban. Sobre
ellas se encontraba un cielo muy azul con tenues nubes
blancas. Todos los que miraron esta pintura pensaron que
reflejaba la paz perfecta.

La segunda pintura también tenía montañas, pero eran
escabrosas y descubiertas. Sobre ellas había un cielo furioso
del cual caía un impetuoso aguacero con rayos y truenos.
Montaña abajo retumbaba un espumoso torrente dè agua.

Tal escena no parecía para nada pacífica. Pero cuando el
rey observó cuidadosamente, se percató que detrás de las
cascadas había una grieta en la roca, y en su interior un nido.
Allí, en medio del rugir de la violenta caída de agua, estaba
sentado plácidamente un pajarito en medio de su nido.

¡Paz perfecta!

¿Cuál crees que fue la pintura ganadora?

El rey escogió la segunda. ¿Sabes por qué?

El rey explicó que "paz no significa estar en un lugar
sin ruidos, sin problemas, sin trabajo duro o sin dolor;
significa que a pesar de estar en medio de todas estas
cosas somos capaces de mantener la calma en nuestro
corazón. Éste es el verdadero significado de la paz."

La paz y seguridad de aquel pájaro provenían de su
confianza en la roca sobre la cual estaba su nido.

ANÓNIMO

UNA ORACIÓN PARA MIS AÑOS

Señor, Tú que sabes que ya soy grande...

Ayúdame a no hablar demasiado; especialmente a evitar el mal hábito de opinar sobre todas las cosas.

Líbrame del ansia de querer resolver los problemas de todos. Aleja de mi mente los detalles interminables. Dame alas para volar directamente al grano.

Dame la gracia, Señor, de saber escuchar las penas y los dolores de los demás. Ayúdame a escucharlos con paciencia y mantener la boca cerrada sobre mis propias penas y dolores (que crecen en número y en intensidad...) y a encontrar placer en platicar de ellos (que aumenta con el paso de los años).

Enséñame la gloriosa lección de que, ocasionalmente (muy, pero muy rara vez, es más casi nunca) puedo estar equivocada. Consérvame razonablemente afable y bondadosa. No quisiera ser una santa (es muy difícil vivir con una) pero ser una vieja agria es obra del demonio (y es más difícil).

Hazme reflexiva, pero no taciturna; servicial, pero no metiche; independiente, pero capaz de aceptar con gracia las atenciones y los favores de los demás.

Por favor, quítame la idea de que simplemente porque he vivido largo tiempo, sé más que los que no han vivido tanto.

Si no estoy de acuerdo con alguno de los cambios que ocurren en años recientes, dame la sabiduría de saber callarme.

¡Señor, tú sabes cuánto me interesa que, cuando el final llegue, pueda conservar todavía, por lo menos, a un par de amigos!

MARY JEAN SUÁREZ DE BARRERA - GUERRA
GRUPO GENTE GRANDE

Lo que trae el tiempo...

Había una vez un campesino chino, pobre pero sabio, que trabajaba la tierra duramente con su hijo.

Un día el hijo le dijo:

—¡Padre, qué desgracia! Se nos ha ido el caballo.

—¿Por qué le llamas desgracia? —respondió el padre— veremos lo que trae el tiempo...

A los pocos días el caballo regresó, acompañado de otro caballo.

—¡Padre, qué suerte! —exclamó esta vez el muchacho—. Nuestro caballo ha traído otro caballo.

¿Por qué le llamas suerte? —repuso el padre— veamos qué nos trae el tiempo.

En unos cuantos días más, el muchacho quiso montar el caballo nuevo, y éste, no acostumbrado al jinete, se encabritó y lo arrojó al suelo. El muchacho se quebró una pierna.

—¡Padre, qué desgracia! —exclamó ahora el muchacho—. ¡Me he quebrado la pierna!

Y el padre, retomando su experiencia y sabiduría, sentenció:

—¿Por qué le llamas desgracia?, ¡veamos lo que trae el tiempo!

El muchacho no se convencía de la filosofía del padre, sino gimoteaba en su cama.

Pocos días después, pasaron por la aldea los enviados del rey, buscando jóvenes para llevárselos a la guerra.

Vinieron a la casa del anciano, pero como vieron al joven con su pierna entablillada, lo dejaron y siguieron de largo.

El joven comprendió entonces que nunca hay que dar ni la desgracia ni la fortuna como absolutas; siempre hay que darle tiempo al tiempo, para ver si algo es malo o bueno.

La moraleja de este antiguo consejo chino es que la vida da tantas vueltas, y es tan paradójico su desarrollo, que lo malo se hace bueno, y lo bueno, malo.

Lo mejor es esperar siempre el día de mañana, pero sobre todo confiar en Dios, porque todo sucede con un propósito positivo para nuestra vida.

ANÓNIMO

El sentido de la vida es el mejor tónico.

ROGER PATRÓN LUJÁN

Hace falta toda una vida para aprender a vivir.

SÉNECA

No hay deshonra por las faltas cometidas por algún antepasado.

Es indudable que todo idealismo trae consigo a un bárbaro más o menos criminal.

Cada hombre debe acreditar su abolengo por sí mismo, por sus obras y no por sus antepasados, y tampoco sentirse vanagloriado ni por linajes, ni por hechos que no son suyos, ni agraviado por faltas que no cometió.

¡La honradez y el valor presente son el único título de nobleza merecido que tiene el hombre!

ANTONIO PLANOS

LAS PUERTAS DE LA VIDA

No salgas de la infancia apresuradamente.
    Luego querrás recuperar esos años.

No entres en la adolescencia convencido de que
dominarás al mundo.
    La vida te llevará por caminos que todavía no sospechas.

No salgas de la adolescencia desperdiciando tu juventud.
    La juventud pertenece a todos pero no es de nadie, ni en
    nadie se queda.

No entres en la madurez creyendo que has vencido
      todas las etapas y que el triunfo llegará mañana.

La felicidad, único triunfo, se encuentra en disfrutar
    todas las etapas de un camino, no al final de la ruta.

No corras la madurez sin crear un tesoro del espíritu.
    Los tesoros de la tierra no son herencia para tus hijos.

No salgas de la madurez convencido que has triunfado.
    Tu triunfo lo medirá el recuerdo que dejes.

No salgas de la madurez creyendo haber sido derrotado.
    Algo habrás dejado, por pequeño que sea.

No entres en la vejez creyendo que el destino te ha
sido adverso.
    Has sido tú quien ha elaborado ese destino.

No salgas de tu vejez sin entregar tus consejos.
    Otros infantes, otros adolescentes, otros maduros
    y otros mayores te han mirado y querrán imitarte.

ANÓNIMO

Aprendí y decidí

Y así, después de esperar tanto, un día como cualquier otro decidí triunfar... decidí no esperar las oportunidades sino yo mismo buscarlas, decidí ver cada problema como la oportunidad de encontrar una solución, decidí ver cada desierto como la oportunidad de encontrar un oasis, decidí ver cada noche como un misterio a resolver, decidí ver cada día como una nueva oportunidad de ser feliz.

Aquel día descubrí que mi único rival no era más que mis propias debilidades, y que en ellas está la única y mejor forma de superarnos; aquel día dejé de tener temor de perder y empecé a no temer ganar; descubrí que no era yo el mejor y que quizás nunca lo sería, me dejó de importar quién ganara o perdiera, ahora me importa simplemente saberme mejor que ayer. Aprendí que lo difícil no es llegar a la cima, sino jamás dejar de subir.

Aprendí que el mejor triunfo que puedo tener, es tener el derecho de llamar a alguien "amigo".

Descubrí que el amor es más que un simple estado de enamoramiento, el amor es una filosofía de vida.

Aquel día dejé de ser un reflejo de mis escasos triunfos pasados y empecé a ser mi propia tenue luz de este presente; aprendí que de nada sirve ser luz si no vas a iluminar el camino de los demás.

Aquel día decidí cambiar tantas cosas...

Aquel día aprendí que los sueños son solamente para hacerse realidad; desde aquel día ya no duermo para descansar.

¡Ahora simplemente duermo para soñar!

Walt Disney

Índice de autores